글 전기현 | 그림 홍나영

작가의 말

오늘날을 살아가는 우리에게 역사 속 이야기들은 많은 궁금증을 주곤 해요.

"그때 그 사람들은 왜 그랬을까?"

"저 사건 뒤에는 어떤 비밀이 있을까?"

"만약 그 일이 안 일어났더라면?"

우리 친구들 머릿속에도 이런 궁금증이 생겼던 적이 있을 거예요. 이런 궁금증들은 역사를 공부하는 우리에게 아주 중요한 씨앗이에요. 그 해답을 찾아가는 여행이야말로 우리가 지닌 각자의 멋진 역사 상식 나무를 가꾸고 기르는 과정이기 때문이에요.

"역사는 사람들로 하여금 과거를 바라봄으로써 미래를 판단하게 한다."

사실 역사 공부는 단순히 과거의 일들을 살펴보고 외우는 것이 전부가 아니에요. 과거를 통해 앞으로 다가올 미래를 판단하는 힘을 기르는 것이 역사 공부의 중요한 열매랍니다.

병자호란, 일제강점기 등의 역사를 통해 나라의 힘을 기르는 것이 중요함을 아는 것, 녹두장군 전봉준의 이야기를 통해 정의로운 사회가 우리에게 필요함을 아는 것 등이 그 예라고 할 수 있어요. 세상과 미래를 깊게 내다볼 수 있는 시각을 얻는 것이 역사 공부의 중요한 목적이랍니다. 이 책은 그런 시각을 여러분이 얻을 수 있도록 알차게 내용을 담았어요.

우리나라의 소중한 역사를 향한 신나는 여행, 함께 하면 분명 더욱 재미있을 거예요. 반짝반짝 빛나는 눈으로 이 책을 쥐고 있을 여러분을 선생님이 진심으로 응원할게요.

부디 이 책과 함께 여러분이 성장하길 바라며, 끝으로 이 책이 세상에 나올 수 있게 정성으로 도와주신 파란정원 출판사 관계자들과 늘 곁에서 큰 힘이 되어주는 사랑하는 아내, 아들 도율이에게 깊은 감사를 보냅니다.

전기현

차례

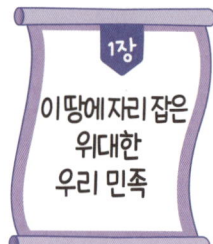

1장 이 땅에 자리 잡은 위대한 우리 민족

- **001** 세계를 놀라게 한 주먹도끼를 우리나라에서 발견했다고요? | 14
- **002** 우리나라도 생일이 있을까요? | 16
- **003** 곰은 정말 마늘과 쑥을 먹고 사람이 되었을까요? | 18
- **004** 전 세계 고인돌의 절반 가까이가 우리나라에 있다고요? | 20
- **005** 고조선 사람들이 '고조선'으로 이름 지은 게 아니라고요? | 22
- **006** 부여에서는 소와 말, 돼지가 나라를 다스렸다고요? | 24
- **007** 주몽은 자라와 물고기를 타고 강을 건넜을까요? | 26
- **008** '전쟁의 신'이라 불린 왕이 있었다고요? | 28
- **009** 고구려 남자들은 정말 '장가'에 갔다고요? | 30
- **010** 역사에 길이 남을 고구려의 명재상들이 있다고요? | 32
- **011** 소금장수 을불은 어떻게 왕이 되었을까요? | 34
- **012** 광개토대왕릉비는 왜 크게 만들어졌을까요? | 36
- **013** 온달은 정말 바보였을까요? | 38
- **014** 고구려는 백만 대군을 어떻게 물리쳤을까요? | 40
- **015** 배신자가 된 고구려의 최고 권력자가 있다고요? | 42
- **016** 고구려 벽화에 거인이 그려져 있다고요? | 44
- **017** 백제의 이름이 원래 '십제'였다고요? | 46
- **018** 고구려 왕을 죽인 백제 왕은 누구일까요? | 48
- **019** 왜의 스승이었던 백제 학자들이 있었다고요? | 50
- **020** 개로왕은 정말 바둑 때문에 나라를 망쳤을까요? | 52
- **021** 공사장 물웅덩이 속에서 국보가 발견되었다고요? | 54
- **022** 백제의 수도는 왜 두 번이나 옮겨졌을까요? | 56
- **023** 의자왕의 삼천궁녀는 정말 있었을까요? | 58
- **024** 동아시아 국제 전쟁이 백제의 운명을 결정지었다고요? | 60
- **025** 삼국시대에 삼국 말고도 다른 나라들이 있었다고요? | 62
- **026** 신라에서는 이가 많은 사람이 왕이었다고요? | 64
- **027** 이차돈이 신라 불교를 위해 목숨을 바쳤다고요? | 66
- **028** 우리나라 최초의 여왕은 누구일까요? | 68
- **029** 신라시대에도 아이돌이 있었다고요? | 70
- **030** 고구려와 백제의 유민들은 어디로 갔을까요? | 72

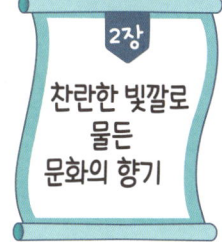

2장 찬란한 빛깔로 물든 문화의 향기

- **031** 전쟁영웅이 된 고구려의 유민이 있다고요? | 74
- **032** 함께 손잡았던 신라와 당은 왜 전쟁을 벌였을까요? | 76
- **033** 무덤 속에서 깨달음을 얻은 스님이 있었다고요? | 78
- **034** 불국사는 어떻게 강한 지진에도 견딜 수 있었을까요? | 82
- **035** '그림자가 없는 탑'이 있다고요? | 84
- **036** 바다의 왕으로 불린 사나이는 누구일까요? | 86
- **037** 포석정은 무엇을 하는 곳이었을까요? | 88
- **038** 발해가 당나라를 공격하기도 한 강한 나라였다고요? | 90
- **039** 발해의 왕은 왜 자신을 고려국왕이라 했을까요? | 92
- **040** 궁예는 왜 폭군이 되었을까요? | 94
- **041** 신라의 마지막 태자는 왜 삼베옷을 입었을까요? | 96
- **042** 왕건의 아내는 모두 29명이나 되었다고요? | 98
- **043** 과거제도는 언제부터 시작되었을까요? | 100
- **044** 고려는 어떻게 싸우지도 않고 거란으로부터 땅을 얻어냈을까요? | 102
- **045** 고려시대 여자들의 삶은 어땠을까요? | 104
- **046** 묘청은 왜 고려의 수도를 옮기자고 주장했을까요? | 106
- **047** 만적이 꿈꾸었던 세상은 무엇이었을까요? | 108
- **048** 삼별초는 정말 고려를 지키기 위해서 싸웠을까요? | 110
- **049** 고려 후기의 왕들은 왜 '충'자가 먼저 붙을까요? | 112
- **050** 금속 활자의 뒷면은 왜 움푹 파여 있을까요? | 114
- **051** 우리나라의 영어 이름은 왜 Korea일까요? | 116
- **052** 최무선은 어떻게 화약 만드는 법을 알아냈을까요? | 118

3장 새로운 사회를 향한 힘찬 발걸음

053 이성계는 왜 위화도에서 군대를 돌렸을까요? | 122
054 조선 건국을 반대한 정몽주는 어떤 인물이었을까요? | 124
055 조선에서는 왜 유교가 발달했을까요? | 126
056 세종은 왜 '대왕'이라고 불릴까요? | 128
057 자동으로 시각을 알려주는 물시계를 만들었다고요? | 130
058 조선시대에도 초등학교가 있었을까요? | 132
059 왕위를 빼앗긴 비운의 소년 왕은 누구일까요? | 134
060 왜 조선은 임진왜란에 미리 대비하지 못했을까요? | 136
061 멸망의 위기 속 나라를 구한 영웅이 있었다고요? | 138
062 백성들의 목숨을 살린 조선 최고의 명의는 누구일까요? | 140
063 조선의 임금은 왜 청나라의 신하가 되었을까요? | 142
064 왜 왕세자는 왕이 되지 못했을까요? | 144
065 탕평채라는 음식에 담긴 사연은 무엇일까요? | 146
066 수원 화성에는 정말 휘어진 벽이 있을까요? | 148
067 조선 왕실에도 도서관이 있었을까요? | 150
068 제주 여인 김만덕은 어떻게 금강산에 갈 수 있었을까요? | 152
069 다산 정약용이 바라던 세상은 무엇이었을까요? | 154
070 대동여지도는 어떻게 만들어졌을까요? | 156
071 옛날 사람들은 어떤 여가생활을 즐겼을까요? | 158
072 어린이에게도 과한 세금을 걷었던 때가 있었다고요? | 160

4장 짙은 안개 속에서 찾은 희망의 꽃

073 흥선 대원군이 왜 나라를 다스리게 되었을까요? | 164
074 프랑스 국립도서관 창고에 우리 문화유산이 방치돼 있었다고요? | 166
075 왜 조선은 일본과 불평등한 조약을 맺게 되었을까요? | 168
076 생전 처음 기차를 타보면 어떤 마음이 들까요? | 170
077 김옥균의 못다 이룬 꿈은 무엇이었을까요? | 172
078 동학 농민 운동의 원인이었던 조병갑의 최후는 어땠을까요? | 174
079 명성황후의 장례식은 왜 바로 치러지지 않았을까요? | 176
080 왜 고종은 경복궁을 탈출했을까요? | 178
081 전국의 의병들은 왜 힘을 하나로 모으지 못했을까요? | 180
082 태백산 호랑이로 불리던 사나이는 누구일까요? | 182
083 을사 5적은 도대체 누구일까요? | 184
084 헤이그 특사는 왜 회의장에 들어가지도 못했을까요? | 186
085 미국인 스티븐스는 왜 그날 저격당했을까요? | 188
086 안중근 의사의 네 번째 손가락은 왜 짧을까요? | 190
087 민족의 원수, 이토 히로부미는 어떤 인물일까요? | 192
088 조선총독부 건물은 언제 사라졌을까요? | 194
089 나라를 빼앗긴 사람들은 어떤 마음이었을까요? | 196
090 3·1운동 이전에도 독립선언이 이루어졌다고요? | 198
091 그날, 화성 제암리에서는 무슨 일이 있었을까요? | 200
092 윤봉길 의사가 던진 건 도시락 폭탄이 아니었다고요? | 202
093 독립군은 어떻게 봉오동 전투에서 이길 수 있었을까요? | 204
094 머나먼 이국땅에서 국적 없이 살아간 그들은 누구일까요? | 206
095 대한민국임시정부에도 대통령이 있었을까요? | 208
096 국민학교에서 초등학교로 이름이 바뀐 까닭은 무엇일까요? | 210
097 일제강점기에 우리 한글은 어떻게 지켜질 수 있었을까요? | 212
098 아직도 치유되지 않은 역사 속 만행은 무엇일까요? | 214
099 관동대지진 때 왜 6천 명이 넘는 조선인들이 학살당했을까요? | 216
100 대한민국은 어떻게 탄생했을까요? | 218

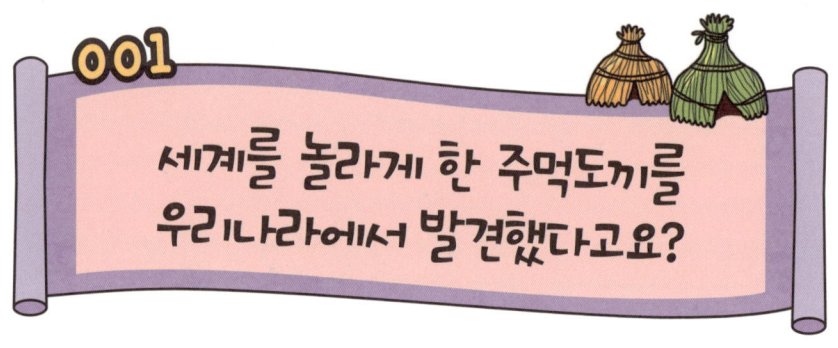

001 세계를 놀라게 한 주먹도끼를 우리나라에서 발견했다고요?

까마득히 먼 약 70만 년 전, 이 땅의 옛사람들은 '뗀석기'를 사용하며 살고 있었어요. 그들은 자연 그대로의 돌을 깨뜨린 다음, 그대로 떼어 내어 도구를 만들었답니다. 이 뗀석기를 이용하여 살았던 시기를 '구석기시대'라고 해요.

구석기시대 사람들이 사용했던 뗀석기로는 주먹도끼, 찍개, 긁개 등이 있었어요. 그중에서도 주먹도끼는 마치 오늘날의 맥가이버 칼처럼 만능도구였어요. 사람들은 주먹도끼로 사냥도 하고 땅도 파며 여러 용도로 많이 사용하였어요.

주먹도끼는 끝이 뾰족하고 전체적으로 둥근 모양을 갖춘 석기였어요. 손에 쥐고 사용했기에 주먹도끼란 이름이 붙었지요.

이 주먹도끼는 1978년 이전까지만 해도 서양이나 아프리카에서만 주로 발견

되었어요. 그래서 모비우스 같은 학자들은 서양의 주먹도끼 문화가 동양의 찍개 문화보다 더 앞선 문화였다고 주장했어요.

그러던 1978년, 그렉 보웬이라는 한 미군 병사가 연천 전곡리 한탄강 유원지에서 산책을 하다가 우연히 아주 중요한 것을 발견했어요. 군인이 되기 전에 미국에서 고고학을 공부했던 그는 이 발견이 심상치 않음을 느끼고 학계에 곧 알렸어요.

보웬 병사가 발견한 것은 바로 주먹도끼였어요. 그의 발견은 서양과 마찬가지로 동양의 구석기인들도 주먹도끼를 예술적으로 잘 다듬고 사용했음을 알 수 있는 대단한 것이었답니다.

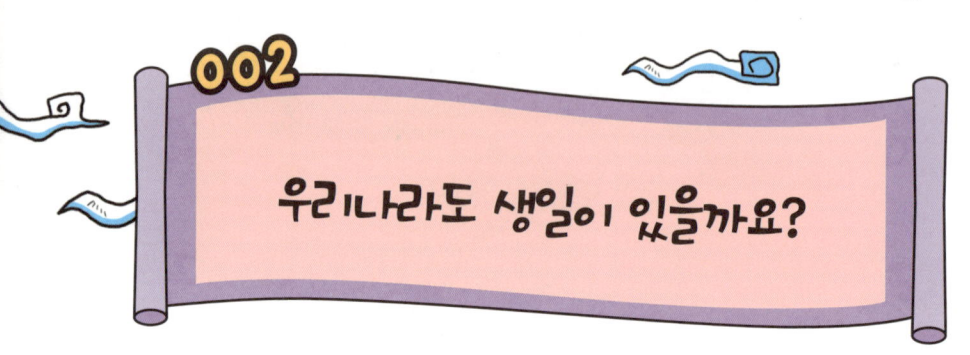

우리나라도 생일이 있을까요?

　누구나 매년 설레는 마음으로 특별하게 기다리는 날이 있어요. 과연 무슨 날일까요? 바로 '생일'이에요. 생일이면 부모님이 선물을 주시기도 하고, 친구들이 기쁜 마음으로 축하를 해 주지요. 우리는 모두 태어날 때 각자 이 '생일'을 가진답니다.

　그렇다면 우리나라도 생일을 가지고 있을까요? 물론이지요. 우리나라 생일은 5대 국경일 중 하나예요.

　우리나라의 역사는 굉장히 오래되었어요. 흔히 '반만년의 역사'라 일컬을 정도로 그 뿌리가 상당히 깊어요. 따라서 우리나라의 생일을 찾으려면 아주 멀리 거슬러 올라가야 해요. 오늘날 세계 많은 나라가 연도를 말할 때 기원전(BC)과 기원후(AD)를 사용해요. 예수 그리스도가 태어났을 때를 기준으로 그 전을 기원전이라 하고 그 이후를 기원후라고 일컫지요.

　우리나라 역사의 시초는 바로 기원전 2457년 음력 10월 3일이에요. 하늘의 신 '환인'의 아들 환웅이 인간 세상을 널리 이롭게 하기 위해 태백산 신단수 아래로 내려온 날이지요. 단군신화 속 환웅은 아버지의 명을 받아 천부인과 3천 명의 무리를 데리고 하늘에서 내려와 우리 민족의 역사를 처음으로 열었어요. 오늘날 10월 3일을 우리나라의 생일로 부르는 까닭이 여기에 있어요.

　우리 한민족의 역사를 기념하는 이 개천절(10월 3일)의 이름에는 하늘을 처음 열었다는 의미가 담겨 있어요. 유구한 우리 역사가 시작되었음을 기리는 뜻에서 국경일로 지정되었지요. 본래에는 음력 10월 3일이었지만, 일상생활에서 양력이 주로 쓰이면서 매년 양력 10월 3일을 기념하고 있답니다.

003 곰은 정말 마늘과 쑥을 먹고 사람이 되었을까요?

우리 민족 최초의 나라, 고조선을 건국한 이는 바로 '단군'이에요. 이 단군의 탄생을 알아보려면, 고조선의 건국신화 이야기를 들여다보아야 해요.

환인의 아들이었던 환웅이 바람, 구름, 비를 다스리는 신들과 함께 내려와 인간 세상을 다스리던 어느 날, 곰과 호랑이가 함께 환웅을 찾아왔어요. 이들은 사람이 되고 싶다며 환웅에게 도움을 청했답니다. 간곡한 바람을 들은 환웅은 쑥과 마늘만 주며 일렀어요. 100일 동안 동굴 속에서 햇빛을 보지 않고 쑥과 마늘을 먹으며 견디면 사람이 될 수 있다고 말이지요.

곰과 호랑이는 동굴에 들어가 버티기 시작했어요. 그런데 시간이 얼마 지나지 않아, 너무 힘들었던 호랑이는 그만 동굴을 뛰쳐나가고 말았답니다. 하지만 곰은 괴로움을 참고 동굴 속에서 100일을 버텨냈어요. 그리고 드디어 100일째 되던 날, 정말 사람으로 변하였지요. 고생을 참고, 한 명의 여자 사람이 된 웅녀는 이후 환웅과 혼인해 아들을 낳았어요. 이 아이가 바로 '단군'이에요.

 그런데 이 신화의 내용을 가만히 들여다보면 잘 이해가 가지 않는 내용이 있어요. 곰이 정말 사람으로 변하는 것이 가능했을까요? 사실 이는 빗대어 표현한 것으로 생각하면 돼요. 환웅이 등장하자 곰을 숭배하는 부족이 이를 따랐고, 호랑이를 숭배하는 부족은 함께 하지 못한 것이죠. 빗대어 생각할 수 있는 것은 이뿐만이 아니에요. 환웅이 비와 구름, 바람을 다스리는 신들과 내려왔다는 이야기는 당시 농사가 그들에게 굉장히 중요했다는 것을 알려주고 있답니다.

004 전 세계 고인돌의 절반 가까이가 우리나라에 있다고요?

거대한 돌로 만들어진 고인돌을 볼 때면 대체 언제, 누가, 왜 만들었을까 하고 궁금해지지요. 그런데 고인돌에 대한 사람들의 오해 중 하나가 석기시대에만 만들어졌을 거라는 생각이에요. 고인돌은 석기시대보다는 주로 청동기시대, 즉 고조선시대에 만들어졌어요. 만드는 데 많은 사람의 힘과 거대한 돌이 필요하기에 주로 권력을 가졌던 이들만이 고인돌의 주인공이 될 수 있었어요. 그러니 농경이 발달하기 시작하고 국가라는 권력이 생긴 청동기시대에 들어서야 가능했어요.

고인돌은 아시아, 유럽 등 여러 대륙에서 발견되는 인류의 오래된 유산이에요. 그런데 전 세계 고인돌 중 절반 가까이가 한반도와 만주 지역에 분포하고 있다는

좀만 왼쪽.
아니 아니, 오른쪽.
다시 왼쪽으로~.

사실을 아나요? 많은 학자가 조사한 결과에 따르면, 우리나라에는 약 3만여 기 이상의 고인돌이 분포하고 있다고 해요. 이는 전 세계 고인돌의 절반 가까이에 해당하는 많은 양이에요.

고인돌은 여러 종류가 있는데, 그중 대표적인 것이 멀리서도 눈에 잘 띄는 탁자식 고인돌이에요. 이 고인돌은 고조선이 존재하던 청동기시대에 만들어졌기에, 분포되어 있는 지역을 통해 고조선의 문화 범위를 짐작해볼 수 있답니다.

그런데 기계가 없던 시절, 도대체 이 많은 고인돌을 사람들은 어떻게 만들 수 있었을까요? 돌 하나 무게만 해도 최대 몇백 톤에 달하는데 말이지요. 사람들은 이 거대한 돌을 옮기기 위해서 놀라운 지혜를 발휘했어요. 먼저 수십 명에서 수백 명의 사람들이 함께 고임돌을 세우고, 그 사이를 흙으로 채웠답니다. 그리고 채운 흙 위로 덮개돌을 끌어 올리고는 마지막으로 흙을 제거했어요. 실로 대단한 작업이었다고 할 수 있어요.

005 고조선 사람들이 '고조선'으로 이름 지은 게 아니라고요?

우리 민족의 최초국가인 고조선은 여러 부족의 힘이 합쳐져 생겼어요. 나름 발달된 문화와 제도를 갖추었던 고조선은 만주와 한반도 일부 지역을 중심으로 청동기 문화를 꽃피우며 성장했어요. 당시 고조선에는 모두 8개의 법이 있었는데, 이 중 3개가 오늘날까지도 전해지고 있어요.

> 사람을 죽인 자는 사형에 처한다.
> 남에게 해를 입힌 자는 곡식으로 갚는다.
> 남의 물건을 훔친 자는 데려다 노비로 삼고, 용서받으려면 돈을 내야 한다.

당시의 법은 엄격했어요. 이런 법 제도는 고조선이 농업이 발달했던 나라였고, 신분제도가 있었음을 말해주고 있어요.

고조선이 다른 부족들을 정복하면서 세력이 커져가던 기원전 2세기에 위만이라는 인물이 등장해 우리나라 역사상 최초로 정변을 일으켜 왕이 되었어요. 왕을 몰아내고, 자신이 고조선의

왕이 되었답니다. 이후에도 고조선의 힘은 이웃 한나라가 위협을 느낄 만큼 점점 커졌어요. 이에 한나라는 고조선을 견제하려고 대군을 보내 침략했어요. 고조선은 한나라 대군에 맞서 1년 동안 치열하게 잘 싸웠지만, 결국 수도 왕검성이 함락되어 멸망하고 말았어요.

당시에는 나라 이름이 고조선이 아니라 '조선'이라고 불렸다고 해요. 그런데 후세 사람들이 1392년에 이성계가 세운 '조선'과 구별하기 위해 '옛 고(古)'자를 붙인 '고조선'이라 일컫기 시작했어요. 그래서 지금은 고조선과 조선으로 나뉘어 불린답니다.

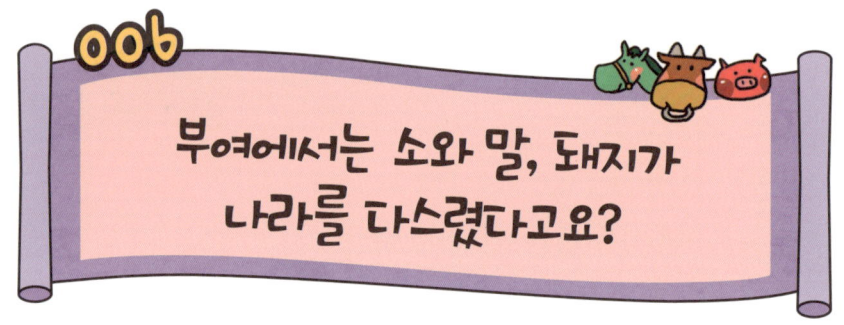

006 부여에서는 소와 말, 돼지가 나라를 다스렸다고요?

　옛 만주 지역에 우리 민족의 두 번째 나라인 '부여'라는 나라가 있었어요. 이 부여는 고조선이 멸망하기 전에 세워진 나라였어요. 부여 역시 발달된 제도와 문화를 갖고 있었답니다. 왕이 있었고, 그 밑에 관직을 맡은 신하들이 있었지요.

　그런데 신기하게도 부여의 관직 이름에는 말, 소, 돼지, 개가 들어 있었어요. 마가, 우가, 저가, 구가라는 이름이었지요. 나라를 다스리는 관직의 이름이 가축의 이름이라는 것인데, 그렇다면 가축들이 나라를 다스렸던 것일까요?

　사실 이것은 부여가 가축을 기르는 목축업이 활발했던 나라였음을 말해 주는 부분이에요. 부여는 농사도 많이 지었지만 푸른 평원에서 가축을 많이 길렀어요. 부여의 여러 부족들은 삶의 큰 보탬이 되는 가축들을 신성하게 여겼어요. 그래서 부족장들이 소, 말 같은 가축의 이름을 딴 관직을 맡았던 것이랍니다.

    부여는 왕과 마가, 우가, 저가, 구가의 관직을 맡은 네 부족의 부족장들이 힘을 합쳐 만든 나라였어요. 그래서 왕의 힘보다 부족들의 힘이 더 컸어요. 나라에 큰 가뭄이 들거나 홍수가 나면 왕을 바꾸거나 죽이기도 했지요. 이처럼 왕의 힘이 약하다 보니 나라의 힘을 하나로 뭉치는 데 어려움을 겪었어요.

    한편, 부여의 각 부족은 추운 12월에 함께 모여 '영고'라는 축제를 즐기기도 했어요. 대체 부여는 왜 추운 겨울에 축제를 즐겼을까요? 이는 사냥을 즐겼던 부여 사람들이 겨울 사냥을 끝내고 축제를 시작했기 때문이에요. 여러 부족이 모인 나라답게 함께 축제를 즐기면서 서로의 관계를 단단히 하였답니다.

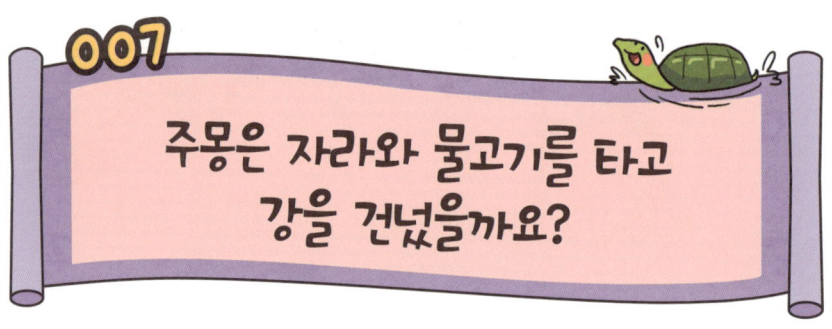

007 주몽은 자라와 물고기를 타고 강을 건넜을까요?

　부여의 금와왕이 신하들과 길을 가다가 슬픈 표정의 한 부인을 만났어요. 그 부인을 가엾게 여긴 금와왕은 그녀를 궁궐로 데려왔답니다. 그런데 얼마 뒤, 그 부인이 신기하게도 알을 낳았어요. 아이 이름을 주몽이라 했는데, 자라면서 남다른 여러 재주와 슬기를 보였어요. 주몽은 특히 활을 무척 잘 쏘았지요.

　한편, 부여의 금와왕에게는 맏아들 대소왕자를 비롯한 여러 왕자가 있었어요. 이들은 자신들보다 실력이 뛰어난 주몽을 질투하고 시기했답니다. 시간이 흐를수록 심해진 질투는 주몽의 목숨을 위협할 정도였어요. 주몽은 어쩔 수 없이 다른 곳으로 피신할 계획을 세워야 했어요.

될 놈은 뭘 해도 되지!

주몽은 자신을 따르는 신하인 오이, 마리, 협보 등을 이끌고 서둘러 남쪽으로 떠났어요. 하지만 이 사실을 알게 된 대소왕자가 군대를 보내 이들을 뒤쫓았지요.

  그런데 피신하던 주몽 일행 앞에 예상치 못한 난관이 나타났어요. 그들 앞을 넓은 강이 가로막았던 거예요. 배를 구할 수 없던 당황한 주몽은 강을 건널 수 있게 해달라고 간절히 기도를 했지요. 그 순간 기적처럼 물고기와 자라들이 모여들어 다리를 만들었어요. 덕분에 주몽 일행은 무사히 강을 건널 수 있었답니다.

  고구려를 세운 주몽의 탄생신화에 나오는 이야기예요. 그런데 정말 물고기와 자라들이 모여 다리를 만들었을까요? 사실은 이 신화 속에는 강가에 사는 부족들이 주몽 일행의 탈출을 도와준 이야기가 숨어 있는 거랍니다.

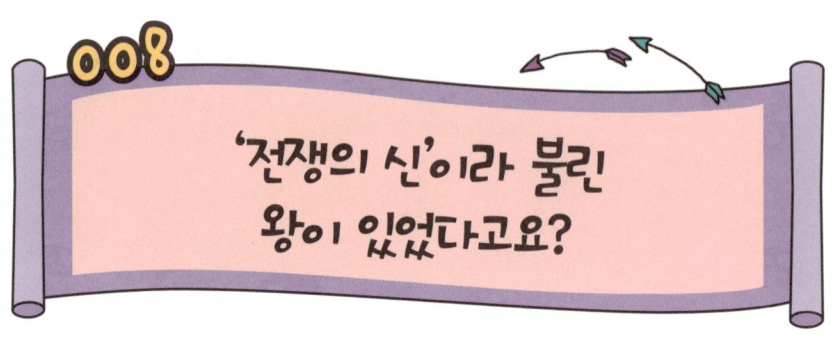

008 '전쟁의 신'이라 불린 왕이 있었다고요?

우리 역사 속 수많은 왕 중에 '전쟁의 신'이라 불린 왕이 있었다고 해요. 바로 고구려 제3대 왕이었던 대무신왕이에요. '큰 전쟁의 신'으로 고구려인들에게 추앙받던 인물이지요.

당시는 고구려보다 북쪽의 이웃 나라 부여가 훨씬 국력이 세던 때였어요. 태자 시절부터 용맹하고 대담했던 대무신왕은 왕이 되자 고구려의 기틀을 잡고 국력을 키웠답니다. 그러던 어느 날 부여의 대소왕이 까마귀 한 마리를 보내왔어요. 머리는 하나이지만, 몸이 둘인 붉은색 까마귀로 고구려가 곧 부여의 땅이 될 거라는 의미를 전하려고 했던 거예요. 하지만 대무신왕은

이를 다음과 같이 해석했지요.

"북쪽을 뜻하는 검은색이 변하여 남쪽의 붉은색이 되었고, 귀한 붉은 까마귀를 우리에게 보낸 것은 분명 하늘의 좋은 뜻이다."

대무신왕의 총명한 대답에 부여의 대소왕은 까마귀를 보낸 것을 후회했지요.

이후 대무신왕은 부여를 향해 용기 있게 쳐들어갔어요. 하지만 강국이었던 부여의 대소왕을 죽이는 데는 성공했지만, 포위되어 위기에 몰리고 말았어요. 겨우 탈출에 성공한 대무신왕은 아주 깊이 반성했어요. 그리고 이후에는 신중하게 전투를 벌이게 되었지요.

노련해진 대무신왕이 이끄는 고구려는 치밀한 전략으로 여러 전쟁을 승리로 이끌며, 고구려를 주변 나라들이 두려워하는 전쟁 강국으로 성장시켰답니다.

009 고구려 남자들은 정말 '장가'에 갔다고요?

"우리 아들 잘 다녀와!"

남자와 여자가 결혼하는 것을 가리켜 '시집간다' 또는 '장가간다'라고 말을 하지요. '시집'은 '시댁'을 말하는데, '장가'는 도대체 어디를 말하는 것일까요?

'장가'는 여자가 결혼하기 전에 살던 집, 아내의 친정을 말해요. 예전 고구려 남자들은 결혼하면 오늘날과 달리 장가에 가서 살았다고 해요. 그것도 아주 오랫동안 말이죠.

고구려에서는 남녀가 서로 결혼을 하기로 결정되면, 신부의 집 쪽에서 집을 짓기 시작했어요. 사위가 될 신랑을 맞이하기 위해 작은 별채를 지었지요. 사위의 집이라 해서 '서옥'이라 일컫는 이 별채에서 딸과 사위가 함께 머물렀답니다. 그런데 얼마나 오래 살았기에 집까지 지었을까요? 보통

사위와 딸이 낳은 첫아이가 어른이 될 때까지 함께 살았다고 해요.

사위가 아내의 집에 한동안 함께 일을 하며 지내는 고구려 풍습을 가리켜 '데릴사위제'라고 말해요. 당시는 한 사람의 노동력이 중요했던 때라 여자가 결혼해 남자의 집으로 가버리면 그만큼 귀한 노동력이 순식간에 사라지는 꼴이었어요. 그래서 이에 대한 보상으로 사위가 아내의 집에서 일정 기간 살며 일손을 보태었던 것이죠.

이러한 풍습은 고구려 이후에도 여러 나라에 걸쳐 오래 이어져, 고려와 조선 초기까지도 존재하는 곳이 있었어요. 오늘날 이 데릴사위제는 거의 사라졌지만 '장가간다'는 말에서 그 흔적을 찾아볼 수 있답니다.

010 역사에 길이 남을 고구려의 명재상들이 있다고요?

대무신왕의 고구려가 점차 성장하자 이를 견제하기 위해 한나라가 대군을 이끌고 쳐들어왔어요. 고구려의 재상 을두지는 고구려군의 몇 배가 넘는 한나라군에 맞서 성안에서 싸우는 것이 낫겠다고 판단했어요. 그런데 한나라군은 성을 포위한 채 물러서지 않았어요. 을두지는 그들이 고구려군의 식량과 물이 떨어지기를 기다리고 있음을 알아차렸지요. 그는 왕에게 건의하여 귀한 잉어와 수초, 맛 좋은 술을 구해 한나라군에 보내게 했답니다. 그러자 놀랍게도 한나라는 이내 공격을 포기하고 물러났어요. 싸움을 오래 이어가면 멀리서 온 자신들이 오히려 불리할 걸 알았기 때문이에요. 고구려는 을두지의 지혜 덕에 많은 힘을 아낄 수 있었지요.

뛰어난 전략으로 한나라의 대군을 물리친 고구려의 재상은 또 있었어요. 바로 고구려 신대왕 시절에 국상을 지낸 명림답부라는 인물이에요. 그는 한나라가 또다시 대군을 이끌고 쳐

　들어오자, 성을 굳게 지키며 들판의 곡식과 무기 등을 모두 비우게 했어요. 그리고 먼 길을 온 한나라 군대가 지치기를 기다렸지요. 그들이 지치기 시작하자, 명림답부는 일시에 강한 군대를 앞세워 좌원이라는 곳에서 크게 무찔렀답니다. 실로 엄청난 대승이었어요.

　백성들의 안정된 삶을 위해 노력한 재상도 있었어요. 고국천왕 시절, 많은 백성이 가을 이전에 굶어 죽는 경우가 많았는데, 국상이었던 을파소는 이를 무척 안타까워했어요. 이에 나라 창고에 있는 곡식을 백성들에게 빌려주고, 수확철인 가을 이후에 갚도록 하는 진대법을 실시해 백성들의 고통을 줄여주었다고 해요.

011 소금장수 을불은 어떻게 왕이 되었을까요?

을불은 고구려 제14대 왕인 봉상왕의 조카였어요. 봉상왕은 굉장한 폭군으로 주변 사람들을 믿지 못해 많은 사람을 죽음으로 몰고 갔답니다. 심지어 동생이었던 돌고까지 말이지요. 돌고의 아들이었던 을불은 목숨을 구하기 위해 도망칠 수밖에 없었어요.

궁궐에서 겨우 도망친 을불은 수실촌의 음모라는 자의 집에서 머슴살이를 시작했어요. 그런데 을불이 왕의 조카인지 전혀 몰랐던 주인은 낮에 혹독한 일을 시키는 것도 모자라 개구리가 울지 못하도록 밤새 보초를 서게 했답니다. 결국 너무 지친 을불은 도망쳐 나올 수밖에 없었어요.

갈 곳 없고 가진 것 없는 을불이 할 수 있는 일은 별로 없었어요. 그는 마을 곳곳을 돌아다니며 소금을 팔았는데, 옷은 해지고 먹을 것은 부족해 자주 굶을 정도로 고생이 많았어요.

　한편 백성을 괴롭히는 왕의 폭정이 계속 이어지자, 국상이 었던 창조리가 여러 신하와 함께 봉상왕을 몰아냈어요. 그리고 왕을 이을 자로 을불을 찾아 나섰답니다. 창조리는 아주 어렵게 을불을 찾아내서는 왕위를 맡아 줄 것을 청했어요. 처음엔 믿지 않던 을불이었지만 그들의 간곡한 부탁에 마침내 왕위에 오르는 것을 수락했지요.

　갖은 고생 끝에 왕위에 오른 을불이 바로 고구려 제15대 미천왕이에요. 왕위에 오른 그는 많은 업적을 쌓았어요. 중국 진나라가 혼란한 틈을 타 평양 주변까지 영토를 넓히고, 농업과 상업 등 경제적인 성장도 이뤄냈어요. 백성의 생활을 직접 겪었던 왕이기에 백성의 생활에도 큰 관심을 갖고 노력을 기울였답니다.

012 광개토대왕릉비는 왜 크게 만들어졌을까요?

중국 연나라의 공격으로 미천왕의 무덤이 파헤쳐지고 고국원왕이 백제와의 싸움에서 전사하는 등 고구려에는 수난이 이어졌어요. 그렇게 제17대 소수림왕이 즉위하기 전까지 내리막길을 걷고 있었지요.

소수림왕은 아버지가 전투에서 목숨을 잃으면서 갑작스럽게 왕위에 오른 인물이에요. 그는 폐허가 된 고구려를 일으키기 위해 교육기관인 태학을 설립했고, 불교를 국가적으로 공인해 백성들의 마음을 하나로 모았어요. 이런 소수림왕의 노력으로 고구려는 안정을 되찾아 다시 힘을 모을 수 있게 되었답니다.

제19대 광개토대왕 대에 들어서면서 고구려의 전성기가 시작되었어요. 그는 왕위에 오른 초기부터 정복 활동을 시작했답니다. 직접 군사를 거느리고 두 차례에 걸쳐 백제를 공격해 68개의 성을 빼앗았고, 신라에 5만 명의 군사를 보내 왜구를 격퇴시키기까지 했어요. 또한 후연이 북쪽 국경을 침

략하자, 군대를 북쪽으로 돌려 신성, 남소성 등 700리가 넘는 땅을 빼앗아 고구려의 땅으로 만들었지요. 더불어 동부여를 정벌해 영역을 더욱 넓혔답니다. 물론 백성들을 위한 정치에도 힘을 쏟아 많은 백성이 편안하고 풍족한 생활을 이어갈 수 있도록 했어요.

  광개토대왕의 큰 활약에 힘입어 아들 장수왕 대에는 고구려의 힘이 더욱 커졌어요. 역시 뛰어난 왕이었던 장수왕은 아버지가 이룬 업적을 후세에 남기고 싶었답니다. 그는 높이가 6m를 넘고 너비가 2m에 이르는 거대한 크기로 아버지의 업적을 담은 비석을 세웠어요. 오늘날 중국 지린성 지안현에서 만나볼 수 있는 비석이 바로 그가 세운 광개토대왕릉비랍니다.

우리 아빠가 이 정도야!

013 온달은 정말 바보였을까요?

고구려 평원왕 시절, 늘 찢어진 옷과 해진 신발로 거리를 돌아다니는 온달이라는 이름의 사내가 있었어요. 매우 가난한 집안에서 태어난 온달은 어릴 적부터 홀어머니와 함께 살았답니다. 두 눈이 멀어 일을 하지 못하는 어머니를 모셔야 했기에 생활은 매우 궁핍했어요. 평양성의 사람들은 얼굴이 우스꽝스럽게 생기고 늘 구걸하러 다니는 그를 '바보 온달'이라고 불렀어요. 어린아이가 떼를 쓰면 '바보 온달에게 데려간다'라고 겁을 줄 정도였지요.

평원왕에게는 외동딸이 하나 있었는데, 고집불통에 엄청난 울보였어요. 한번 울기 시작하면 아주 오랫동안 그치질 않았지요. 그래서 왕은 "또 울면 온달에게 시집보낸다"라며 반쯤 협박조로 달래곤 했어요. 그런데 이 말은 곧 씨가 되고 말았어요. 평강공주가 성장해 결혼할 나이가 되자, 온달과 결혼하겠다고 나선 거예요. 평강공주의 고집에 화

가 날 대로 난 왕은 공주를 성 밖으로 내쫓았어요. 하지만 지쳐 바로 돌아올 줄 알았던 평강공주는 그 길로 온달의 집을 찾아가 정말 결혼식을 올렸답니다.

  그런데 온달은 정말 바보였을까요? 사실은 진짜 바보는 아니었어요. 비록 겉모습이 초라해 바보라 놀림을 받았어도 속은 매우 단단한 사람이었지요. 평강공주와 결혼한 뒤, 무예를 갈고 닦은 그는 활쏘기와 말타기에 매우 능해져 여러 전쟁터에서 많은 공을 세웠답니다. 이후 온달은 왕의 사위로서 떳떳하게 인정받았어요. 용맹한 장군으로 거듭나며 많은 고구려 인들의 존경을 한 몸에 받게 되었지요.

014 고구려는 백만 대군을 어떻게 물리쳤을까요?

사람이 머리를 써야지! 군대 수로 이기려 들다니!

제26대 영양왕이 왕위에 오르기 전, 여러 나라로 나누어져 있던 중국에 큰 변화가 일어났어요. 바로 수나라에 의한 대륙통일이었죠. 그러니 새롭게 고구려의 왕이 된 영양왕도 선택의 갈림길에 설 수밖에 없었어요. 돌궐 등 주변의 여러 세력을 무찌른 강대국 수나라를 상대로 굴복하느냐, 맞서느냐 입장을 정해야 했던 거예요.

영양왕은 고구려 침략을 노리는 수나라에 무릎 꿇지 않기로 결단을 내리고는 전쟁에 대비에 군사를 훈련시키고 군량을 미리 비축했답니다. 그러고는 놀랍게도 선제공격을 했어요. 수 문제는 크게 분노해 대군을 보내 응징하려 했지만 고구려는 이를 멋지게 격퇴해 전투를 승리로 이끌었지요.

이후 뒤를 이은 수 양제 역시 고구려 침공의 야욕을 노골적으로 드러냈어요. 양제는 백만이 넘는 대군을 총동원해 고구려의 수도 평양성으로 향했어요. 수나라의 대군에 맞선 고구려는 병력으로는 매우 불리했지만 영양왕과 을지문덕 같은 뛰어난 이들이 버티고 있었어요.

고구려는 주변에 적이 사용할 만한 모든 물자와 식량 등을 없애 적군을 지치게 만드는 '청야전술' 등을 동원하여 수나라 군대를 훌륭히 물리쳤어요. 특히 을지문덕 장군이 지휘한 살수대첩에서는 30만 명이 넘는 수나라 군대를 거의 전멸시켰지요.

고구려와 수나라의 전쟁은 엄청난 규모의 국제 전쟁이었어요. 또 수나라가 멸망의 길로 접어들게 된 계기가 되기도 했지요. 민족의 방파제로서 고구려는 강인한 한민족의 모습을 멋지게 보여주었답니다.

배신자가 된 고구려의 최고 권력자가 있다고요?

영양왕의 동생인 고건무 역시 수나라와의 전쟁에서 뛰어난 활약을 보였던 인물이에요. 영류왕으로 즉위한 그는 전쟁의 폐해를 너무나 잘 알았어요. 이에 새롭게 중국을 통일한 당과 친교를 맺는 한편, 천리장성을 구축하며 국력 회복에 힘을 기울였답니다.

그런데 당나라에 친화적으로 대하는 그의 정책이 심화되자 그에 대해 반발하는 세력들이 생겨났어요. 642년, 연개소문을 비롯한 반대 세력들이 영류왕과 귀족들이 한곳에 모인 자리에서 반란을 일으켜 100명이 넘는 귀족들과 영류왕의 목숨을 한순간에 빼앗아 버렸어요.

연개소문은 이후 대막리지가

되어 고구려의 권력을 한 손에 잡았어요. 보장왕을 왕으로 앉히고, 자신의 세력들을 중요한 자리에 임명했지요. 그는 왕을 죽인 반역자였지만 카리스마 넘치는 전략가이기도 했어요. 그의 반란을 구실 삼아 쳐들어온 당나라군을 연이어 훌륭히 물리쳤답니다.

하지만 고구려는 연개소문의 죽음 이후에 내리막길을 걷게 되었어요. 죽기 전, 세 아들을 불러다 서로 다투지 말고 힘을 합치라 수없이 강조한 연개소문의 당부가 의미 없게 되어버렸지요. 큰아들 연남생이 대막리지 자리에 오르자, 이를 시기한 세력들이 분열을 일으킨 거예요.

연남생이 잠시 도성을 떠나자 그의 반대파들이 형제 사이를 이간질하였고, 위기에 몰린 연남생은 고구려를 배반하는 극단적인 선택을 했답니다. 당나라에 귀순한 후 고구려 침략의 안내자가 되어버리고 말았지요. 한때 고구려의 최고 권력자에서 고구려 멸망을 돕는 배신자가 되어버린 연남생, 참 씁쓸한 인물이 아닐 수 없답니다.

016 고구려 벽화에 거인이 그려져 있다고요?

삼국시대의 사람들도 누군가 죽으면 무덤을 만들었어요. 고구려 사람들은 돌을 다듬어 쌓아 무덤을 만들다가 시간이 흐르면서 시신을 넣을 방을 만들고, 그 위에 흙을 덮어씌우는 방식을 사용했어요. 이는 비슷한 시기의 백제와 신라보다 앞선 방식이었기 때문에 후에 널리 전파되었어요.

고구려의 옛 무덤들은 당시 살았던 사람의 신분과 행적에 따라 그 크기와 모습이 달랐어요. 오늘날 볼 수 있는 큰 무덤들은 당시 높은 신분을 가졌던 이들의 무덤이었을 가능성이 크답니다.

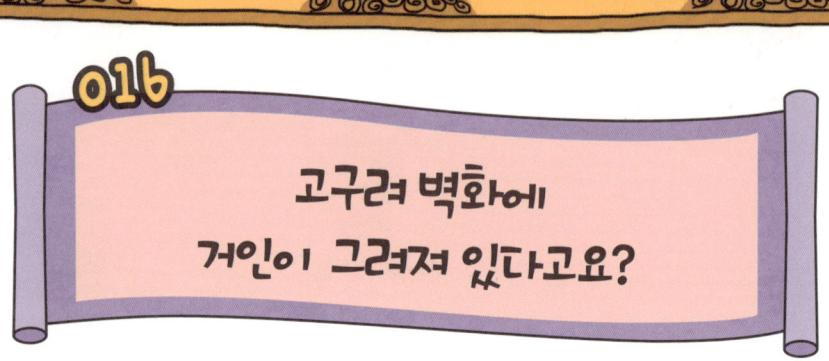

우와~. 서장훈인가 봐! 엄청 커!

고구려의 무덤들 안쪽에 있는 방에는 벽화가 그려진 경우가 많았어요. 무덤의 주인공을 위해 그가 죽어서도 기억하고 싶어 하는 생활 모습이나 무덤을 아름답게 꾸미기 위한 그림, 귀신을 쫓고 혼령을 지키는 사신도 등을 벽에 그렸지요. 고구려의 대표적인 무덤 중 하나인 안악 3호분에는 고구려의 부엌과 고기 창고가 그려져 있어, 당시 사람들의 생활 모습을 아는 데 많은 도움을 주고 있답니다.

고구려의 무덤 가운데 하나인 중국 지린성 지안현에 있는 무용총에서도 벽화를 찾을 수 있어요. 이 무덤의 벽화에서는 좀 독특한 점이 발견되었는데, 그려진 사람의 크기가 서로 달라 어떤 사람은 거인처럼 크고 어떤 사람은 난쟁이처럼 작아 보였어요. 도대체 왜 사람들의 크기가 서로 다를까요?

작게 그려진 사람들은 신분이 낮은 사람들이라고 추측할 수 있어요. 크게 그려진 사람의 시중을 들고 있는 것을 보아 높은 신분의 사람을 모시는 이라고 볼 수 있지요. 고구려가 신분제 사회였던 것을 알 수 있는 벽화랍니다.

017 백제의 이름이 원래 '십제'였다고요?

주몽은 소서노를 아내로 맞이한 후, 힘을 길러 고구려를 건국했어요. 그리고 영토를 더욱 넓혀가며 나라 규모를 키웠지요. 시간이 흐르자, 주몽은 자신의 뒤를 이을 후계자를 생각해야 했어요. 그런데 부여에 두고 왔던 본부인 예씨와 큰아들 유리가 갑자기 나타났어요. 주몽을 찾아 부여에서 온 것이었죠.

주몽은 소서노와 그의 아들 비류와 온조가 고구려 건국에 크게 기여했음에도 불구하고 유리를 태자로 삼았어요. 이에 실망한 소서노는 두 아들과 함께 남쪽으로 향했답니다.

남쪽으로 향하던 그들은 한강 유역에 이르렀어요. 큰 강과 넓은 들이 있는 그곳은 농사를 짓기에 안성맞춤이었지요. 그런데 형 비류는 좀 더 바다가 보이는 쪽으로 가서 나라를 세우고자 했어요. 비류는 반대하는 이들을 남겨 두고, 무리를 이끌고 지금의 인천 지역인 미추홀로 떠났답니다.

　동생 온조는 그대로 남아 지금의 한강 유역에 위례성을 쌓고 나라를 세웠어요. 이 나라가 바로 백제예요. 온조왕이 처음 건국할 때는 10명의 신하가 함께 도왔다 해서 나라 이름이 십제(十濟)였다고 해요.

　한편, 미추홀 지역으로 간 비류는 아주 난처한 상황에 빠지고 말았어요. 바다 쪽 땅이 소금기가 많아서 농사를 짓기에 불편했던 거예요. 당시는 농업이 아주 중요했기에 이는 심각한 문제였어요. 결국 비류 일행은 다시 온조가 있는 곳으로 되돌아오고 말았어요. 비류가 죽고 그를 따르던 무리까지 온조와 함께하게 되면서, 나라 이름은 '백제(百濟)'로 바뀌었답니다.

018 고구려 왕을 죽인 백제 왕은 누구일까요?

　백제는 건국 이후 날로 강성해졌어요. 비옥한 땅과 풍부한 물을 바탕으로 규모와 힘이 점점 커졌지요. 제13대 근초고왕 때는 활발한 정복 활동을 통해 영토를 크게 넓히고, 해상 무역 발전, 왕권 강화, 역사서 편찬 등을 이루는 등 세력이 매우 커졌어요.

　근초고왕이 활약하던 당시 중국이 매우 혼란스러운 상황이라 더욱 힘을 키울 수 있었어요. 백제는 중국과 직접 교류하고 힘을 넓히기 위해서 오랫동안 착실히 쌓아온 국력을 바탕으로 점차 밖으로 향하기 시작했답니다. 군사를 보내 남쪽의 마한을 멸망시키고, 가야에도 큰 힘을 행사했어요. 그리고 왜와 긴밀하게 관계를 맺으며, 중국에도 진출하여 백제의 이름을 널리 알렸답니다.

　점점 영향력을 키우던 백제는 같은 시기 힘을 키우던 고구

려와 맞닥뜨릴 수밖에 없었어요. 고구려의 고국원왕이 군사를 이끌고 백제 땅으로 쳐들어오자 근초고왕은 태자를 시켜 반격하도록 했어요. 기습작전으로 고구려군을 대패시켰는데, 이는 평소에 강한 군대를 만들어 놓았던 덕분이었어요.

패배한 고구려는 2년 뒤 다시 백제로 쳐들어왔어요. 이번에도 근초고왕은 매복 작전으로 고구려군을 크게 무찔렀답니다. 그리고 반격에 나서서 고구려의 수도 평양성을 향해 진군했지요. 수세에 몰린 고구려 역시 온 힘을 다해 맞섰어요. 백제군은 평양성을 함락하지는 못했지만 고국원왕을 전사시키는 데는 성공했어요. 당시 국력이 훨씬 셌던 고구려를 상대로 거둔 큰 승리였지요.

019 왜의 스승이었던 백제 학자들이 있었다고요?

내 이름은 어떻게 알았지?

고구려, 신라 등을 적으로 두었던 백제는 든든한 동맹국이 필요했어요. 그 때문에 바다 건너 나라인 '왜'와 지속해서 친밀한 관계를 유지했답니다.

일본의 역사책인 《일본서기》에 따르면 백제의 많은 박사들이 왜로 건너가 학문과 문화의 발전에 큰 도움을 주었어요. 그중 한 명이 아직기였어요. 아직기는 왕의 사신으로서 왜로 가 뛰어난 말 두 필을 왜왕에게 선물하였답니다. 그리고 백제와 왜의 동맹관계를 돈독히 하였지요. 왜왕은 사신으로 온 아직기가 학문에 밝은 것을 알게 되었어요. 이에 아직기를 왕자의 스승으로 삼아 학문을 가르치게 했어요. 훌륭한 문화와 학문을 꽃피운 백제에서 온 학자로부터 많은 것을 배우고자 했던 거예요.

시간이 지나 왜왕은 아직기에게 그보다 더 뛰어난 학자가 백제에 있는지 물어봤어요. 그러자 아직기는 기다렸다는 듯이 대답했어요.

"왕인 박사가 있습니다."

이 말을 들은 왜왕은 곧 백제에 사신을 파견해 왕인을 모셔 오는 데 성공했어요. 왕인은 경서에 능통하여 '오경박사'라는 관직에도 오른 뛰어난 학자였어요. 그는 왜로 갈 때 논어 10권과 천자문 1권, 그리고 수많은 기술자와 함께 향했답니다. 그리고 왜에 도착한 후에는 많은 사람에게 학문과 기술을 가르치기 시작했지요. 그는 왜 왕자의 스승이 되어 유학이라는 학문을 가르쳤어요. 여러모로 부족했던 왜에 문화와 학문, 기술 등을 알리는 중요한 계기를 만들었지요.

이처럼 당시 한반도의 나라들보다 학문이나 문화가 한참 늦게 발달하던 왜는 백제로부터 온 뛰어난 학자, 기술자 등을 통해 점차 성장해 나갔답니다. 왕인, 아직기와 같은 인물들의 도움으로 왜의 학문과 문화 분위기가 점차 활발해지기 시작했던 거예요.

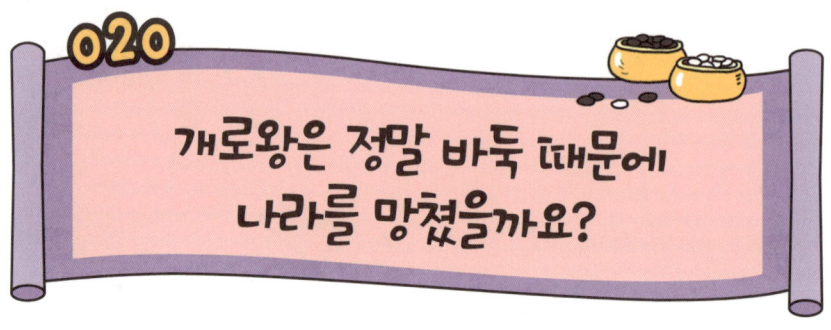

개로왕은 정말 바둑 때문에 나라를 망쳤을까요?

고구려 불세출의 영웅, 광개토대왕이 등장한 이후 백제는 세력이 크게 약해졌어요. 과거 고국원왕과의 싸움에서 크게 승리를 거두었던 백제로서는 견디기 힘든 치욕이었죠. 백제 제21대 개로왕은 하루라도 빨리 이 상황을 바꿔 보려 했어요.

오랜 준비 끝에 고구려를 공격하기로 마음먹은 개로왕은 도움을 요청하고자 북위에 사신을 보냈어요. 하지만 강력한 힘을 가진 고구려의 눈치를 보고 있던 북위의 반응은 싸늘했어요. 북위는 오히려 개로왕의 야심을 장수왕에게 알렸지요.

개로왕의 속내를 알게 된 장수왕은 본격적으로 백제 정벌을 준비했어요. 그리고 군사를 동원하는 것뿐만 아니라 별도의 작전을 함께 세웠어요. 바로 바둑을 좋아하는 개로왕에게 첩자를 심은 거예요. 바둑 고수 '도림'이라는 승려를 보내 개로

왕과 가깝게 만든 후, 둑 건설 등 여러 공사를 벌이도록 설득해 국력을 낭비하게 했답니다. 이후 장수왕은 3만 명의 정예 군사를 보내 백제의 수도 한성을 공격했어요. 때마침 고이만년과 재증걸루라는 백제장수가 고구려에 투항하여 장수왕의 공격에 힘을 보탰어요.

 백제군은 완강히 버텼지만 수도는 함락되고 개로왕은 사로잡히고 말았어요. 고구려의 꾀에 넘어간 개로왕의 행동들이 백제를 나락으로 떨어뜨렸지요.

 하지만 개로왕의 행동들에 대한 반론도 있어요. 성곽을 튼튼히 하고 둑을 만든 것은 백성을 위해 필요한 일이었고, 수도를 빼앗긴 것은 배신자의 등장과 막강한 고구려의 군사력, 제때 도착하지 못한 백제 원군 등 상황이 어쩔 수 없었다는 의견도 있답니다.

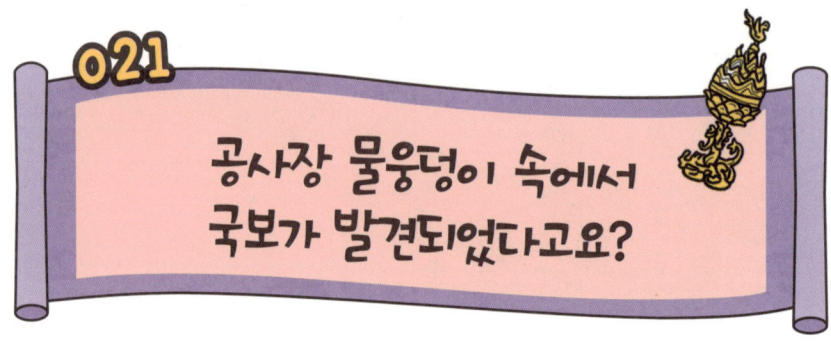

021 공사장 물웅덩이 속에서 국보가 발견되었다고요?

　1993년, 충남 부여 능산리에 있는 고분군 근처에서는 공사가 한창이었어요. 역사 깊은 옛 무덤을 찾는 관광객들을 위한 주차장 공사가 이루어지고 있었죠. 당시 사람들은 계단식으로 되어 있던 논을 주차장으로 만들기로 했어요. 이곳은 작은 계곡 안에 있던 절터이기도 했는데, 본격적인 공사에 앞서 사전 조사가 이루어졌어요. 백제의 수도였던 곳인 만큼 혹시 모를 유물이 발견되지 않을까 해서였죠.

　몇 가지 작은 유물들이 발굴되기는 했지만 주차장 공사를 막을 만큼의 결정적인 유물이 나오지는 않았어요. 땅속의 흙을 헤집고 주차장을 만들어도 전혀 이상할 것이 없었죠. 하지만 유물을 조사하던 이들은 한 번만 다시 조사해보기로 했어요.

　그리고 기적이 일어났어요. 추위와 싸워가며 한참을 발굴하던 중 물웅덩이 속에서 무언가를 발견했던 거예요. 바로 1400년이 넘는 오랜 시간 동안 진흙 속에 묻혀 있던 백제 금동대향로였답니다. 전 세계가 주목할 만큼의 국보급 유물의 발견이었어요.

 용 한 마리가 연꽃 봉오리를 물고 있는 모습을 나타낸 백제 금동대향로는 이후 우리나라 국보 287호로 지정될 만큼 값을 매길 수 없는 소중한 문화유산으로 이름을 알렸어요. 이 발견을 통해 우리는 백제 사람들의 뛰어난 예술 감각과 능력을 엿볼 수 있게 되었어요. 하마터면 영원히 빛을 볼 수 없을 뻔했기에 더욱 소중하다고 할 수 있지요.

 이와 비슷한 발견은 또 있었어요. 1971년, 배수로 공사를 하다가 우연히 발견했던 백제 무령왕릉이 그것이에요. 무령왕릉 발굴 또한 기적적으로 이루어진 대사건이었어요. 만약 이 발굴이 없었다면 우리는 백제의 뛰어난 예술과 문화, 교류 수준 등을 자세히 알 수 없었을 거예요.

뭔가 있을 거 같다니까?

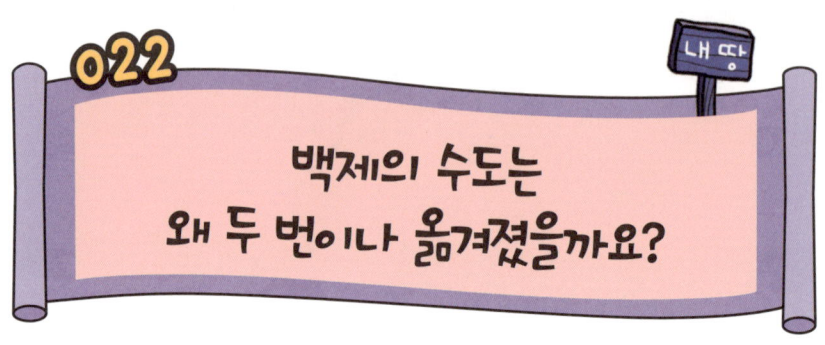

022
백제의 수도는 왜 두 번이나 옮겨졌을까요?

475년, 장수왕이 이끄는 고구려군의 총공격에 백제의 수도 한성은 함락 위기에 빠졌어요. 전세가 위급해지자 개로왕은 태자 문주를 남쪽으로 먼저 탈출시켰어요. 하지만 자신은 죽임을 당하고 말았지요. 400년이 넘는 긴 세월의 백제 수도 한성이 무너진 순간이었어요.

한 나라의 수도가 함락된다는 것은 나라가 멸망 위기에 빠지는 큰 위기를 뜻했어요. 그러나 태자 문주는 남은 세력을 모아 지금의 공주, 웅진에 새로운 도읍을 정하고 항전을 이어갔어요. 새로운 웅진백제를 이끌게 된 문주왕은 백제를 다시 일으키려 노력했답니다.

백제의 수도는 제26대 성왕 시대에 다시 한번 옮겨지게 되

지요. 백제의 전성기를 다시 찾으려던 성왕은 도읍을 더 넓은 벌판인 사비(부여)로 옮기고 힘을 뻗어나갈 준비를 했답니다. 중앙에 22관청을 만들고, 수도는 5부, 지방은 5방으로 나누는 등 조직을 단단히 하며 국력을 차츰차츰 모으기 시작했어요.

 어느 정도 힘이 모이자, 성왕은 한강 유역을 되찾기 위해 본격적으로 움직이기 시작했어요. 신라와 손잡고 고구려를 공격한 거예요. 그리고 치열한 접전 끝에 한강 유역을 쟁취했어요.

 하지만 오랜 소망을 이룬 기쁨도 잠시, 성왕은 허망한 좌절을 맛보고 말았어요. 함께 손잡았던 신라의 배신으로, 어렵게 찾은 한강 유역을 통째로 신라에 빼앗겼던 거예요. 뒤통수를 맞은 성왕은 분노하여 신라를 침공했지만 관산성 전투에서 그만 아쉽게 목숨을 잃고 말았답니다. 백제의 중흥을 꿈꾸었던 성왕의 비참한 최후였어요.

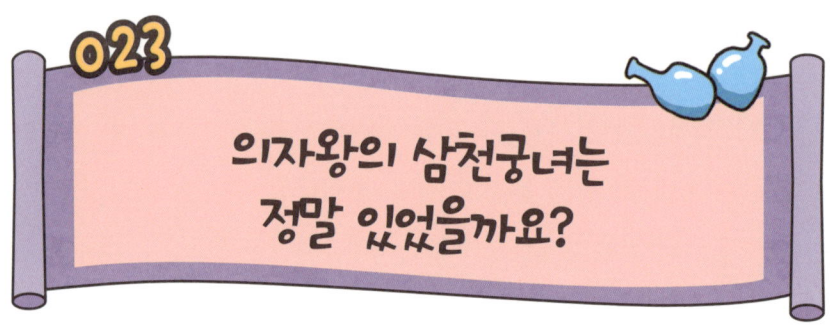

023 의자왕의 삼천궁녀는 정말 있었을까요?

　한 나라의 마지막 임금이라는 것은 나라의 멸망을 지켜볼 수밖에 없었던 임금이라는 뜻이에요. 백제의 마지막 왕이었던 의자왕은 700년 가까운 역사의 백제가 멸망하는 것을 막지 못했답니다.

　의자왕은 일찍이 '해동증자'라고 불릴 정도로 효심이 깊고 학문에도 뛰어났던 인물이에요. 그는 즉위 후 왕의 힘을 강화하

고, 이를 바탕으로 나라의 안정을 이루었어요. 그리고 직접 나라 안을 돌며 민심을 살피는 등 모범적인 정치를 해 나갔지요. 그뿐만 아니라 신라의 여러 성을 공격해 빼앗으며, 점차 영토를 넓혀갔어요. 특히 신라 김춘추의 사위가 지키던 대야성을 함락시키며 신라를 크게 위협했지요. 이렇게 의자왕은 백제의 중흥을 이끌 것 같았어요.

하지만 왕이 된 지 15년이 넘자 그는 술과 여자에 빠져들었어요. 거의 매일 잔치를 열고 호화로운 궁궐을 짓는 등 백성들을 위한 정치와는 거리가 먼 모습을 보였답니다. 결국 당나라와 신라의 연합공격을 받게 된 백제는 공격을 막아내지 못하고 의자왕이 포로로 잡히면서 멸망하고 말았답니다.

그런데 보통 의자왕을 생각하면 '삼천궁녀'가 함께 떠오를 거예요. 나라를 망친 군주로서 사치스러운 그의 모습이 연상되는 것은 자연스러운 일이지요. 그런데 정말 궁녀가 3천 명이나 되었을까요? 이는 진실이 아닐 가능성이 커요. 왜냐하면 당시 수도 사비성의 인구가 5만 명 정도였는데, 궁녀가 3천 명이라는 것은 있을 수 없는 일이기 때문이지요. 후세 사람들에 의해 과장되었던 '삼천궁녀' 이야기는 나라를 빼앗긴 의자왕의 슬픈 처지에서 비롯되었다고 할 수 있답니다.

024 동아시아 국제 전쟁이 백제의 운명을 결정지었다고요?

백제의 위기가 계속된 순간, 의자왕은 사비성을 잃고 난 후에도 웅진성에서 항전을 계속하고 있었어요. 그런데 예식진이라는 배신자가 의자왕을 포로로 잡아 바치면서 완전히 멸망하고 말았답니다. 갖고 있던 국력에 비해 너무도 허망한 멸망이었어요.

이후 백제를 다시 일으키려는 백제 부흥운동이 곳곳에서 일어났어요. 지수신, 흑치상지, 복신, 도침 등 많은 이가 남은 세력을 모아 신라와 당나라를 공격했지요. 그중 흑치상지 장군은 3만 명의 군대로 당군을 물리치고 200여 성을 되찾기도 했어요.

본격적인 부흥운동의 시작은 귀실복신과 도침이 왜에 가 있던 왕자 부여풍을 데려와 왕으로 모시면서부터였어요. 그런데 안타깝게도 지도층의 분열로 서로 죽고 죽이는 일

이 일어났어요. 이로 인해 부흥운동은 위기에 몰리게 되었죠. 결국 당과 신라의 공격이 임박하자, 부여풍은 왜에 급히 원군을 청할 수밖에 없었어요.

오랫동안 백제와 가까운 관계였던 왜는 백제를 구하기 위해 대군을 보냈어요. 당시 왜가 가졌던 모든 힘을 모아 약 4만에 가까운 병사와 1천여 척이 넘는 병선을 보냈답니다. 그리고 백제군과 함께 663년, 백강에서 당과 신라의 연합군에 대항해 결전을 치렀어요.

백제와 왜 연합군은 신라와 당 연합군과 치열하게 맞서 싸웠지만 아쉽게 처참한 패배를 당하고 말았어요. 병선 대부분이 불에 타며 어둠 속으로 사라져 갔지요. 이 전투의 패배로 백제 부흥이라는 희망의 불꽃은 꺼지고 말았답니다.

으악, 후토이다.

025 삼국시대에 삼국 말고도 다른 나라들이 있었다고요?

삼국시대라고 해서 고구려와 백제, 신라만 있던 것이 아니에요. 이때 우리나라에는 삼국 이외에도 다른 여러 나라가 함께 있었답니다. 그중 가장 큰 두각을 나타냈던 나라는 가야였어요.

오늘날의 경상도 일부와 전라도 일부를 합친 지역에 자리 잡고 있던 가야는 발달된 문화를 갖고 있었어요. 낙동강이라는 큰 강을 낀 기름진 평야를 바탕으로 벼농사가 일찍부터 이루어졌답니다. 또한 당시의 첨단기술이었던 제철 기술이 발달해 철을 중국과 왜 등 여러 나라로 수출까지 했어요. 가야는 이 우수한 철기문화를 바탕으로 강한 군대를 만들어 한때 신라를 크게 위협하기도 했지요.

가야는 하나의 나라가 아닌 6개의 작은 나라들이 함께 연합한 모습으로 발전했어요. 김해의 금관가야, 고령의 대가야, 고성의 소가야, 함안의 아라가야, 성주의 성산가야, 진주의 고령가야, 이렇게 여섯 나라가 바로 그 주인공들이에요.

그런데 이 여섯 가야는 고구려, 백제, 신라와 달리 더 발전하지 못하고 차례차례 망하고 말았어요. 가장 힘이 강했던 금관가야가 532년 신라에게 멸망당한 것을 시작으로, 562년 신라에 흡수당한 대가야를 마지막으로 역사에서 사라졌지요. 가야가 이렇게 된 것에는 여섯 나라가 힘을 하나로 모으지 못했던 것이 가장 크게 작용하였다고 할 수 있어요.

우리나라에는 가야 이외에도 탐라국, 우산국 등이 있었어요. 백제, 신라 등의 영향 아래 있던 탐라국은 오늘날 제주도에 있던 나라예요. 탐라국은 당나라에 사신을 보내고 왜와 자주 교류하기도 했답니다. 우산국은 신라 지증왕 때 신라에 복속되기 전까지 오늘날의 울릉도에 있던 작은 나라였어요.

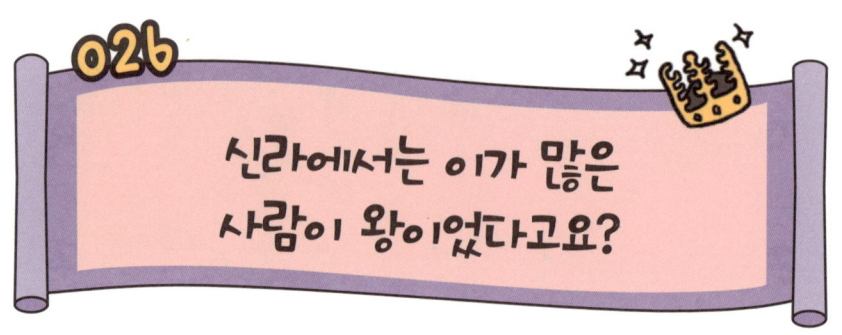

026 신라에서는 이가 많은 사람이 왕이었다고요?

우리나라에는 1천 년 가까이 한 나라의 수도였던 곳이 있어요. 바로 경상북도 경주예요. 그래서 경주에 가면 이른바 '웃는 기와' 등 신라시대 유물과 유적을 쉽게 만날 수 있어요.

신라는 삼국시대를 이룬 나라 중 가장 늦게 발전을 시작했어요. 오늘날의 경주인 금성에서 시작해 한반도 동남쪽에 치우쳐 있던 작은 나라였지요. 기원전 57년, 박혁거세가 나라를 세운 이후, 발전을 이루던 신라는 신기하게도 처음에는 왕이 없었어요. 나라의 지도자를 '왕'이라 부르지 않고, 다른 이름으

로 불렸던 거예요.

나라의 시조인 박혁거세는 '귀한 사람'이라는 뜻을 가진 '거서간'으로 불리었어요. 이후 그의 아들은 무당을 뜻하는 '차차웅'으로 불리었답니다. 이는 당시 나라의 지도자가 제사를 지내는 제사장의 역할도 함께 했음을 알 수 있는 부분이에요. 그 후, 지도자를 가리키는 호칭은 '이사금', '마립간', '왕'으로 점차 발전했어요. 같은 시기의 고구려와 백제가 '왕'이라는 호칭을 이미 사용하던 것에 비해 이처럼 늦게 사용한 것은 그만큼 신라가 왕권과 문명이 늦게 발달하였음을 말해 주고 있어요.

그런데 여러 호칭 중에서 '이사금'의 뜻은 무엇일까요? 바로 '이가 많은 사람'을 가리킨답니다. '이사금'이 지도자의 호칭이 된 데는 사연이 있어요. 제2대 남해 차차웅은 죽으며 사위 탈해가 그다음 왕위를 이으라는 유언을 남겼어요. 하지만 사위 탈해는 남해 차차웅의 아들 유리에게 왕위를 양보하고자 했어요. 그래서 떡을 깨물어 잇자국이 더 많은 사람이 왕위를 잇자고 제안하였지요. 이에 이가 더 많은 유리가 왕이 되어 유리 이사금으로 불리게 되었다고 해요.

027 이차돈이 신라 불교를 위해 목숨을 바쳤다고요?

고구려와 백제 등 많은 고대 국가가 앞다퉈 불교를 받아들인 데 비해 신라는 비교적 늦게 불교를 받아들였어요.

왜 많은 나라가 불교를 받아들이려 했을까요? 이는 왕의 입장에서 불교가 가진 장점이 뚜렷했기 때문이에요. 불교가 들어오기 전에는 나라의 많은 백성이 서로 다른 전통 신앙들을 믿고 있었어요. 이는 백성들의 뜻을 하나로 모으려고 할 때 걸림돌이 되었지요. 왕의 입장에서는 백성들의 힘을 하나로 모을 수단이 필요했어요. 불교는 신분과 상관없이 모두가 구원받을 수 있는 자격이 있고, 전생에 훌륭한 삶을 산 왕은 부처와 가장 가까운 존재였어요. 이런 이유로 불교는 왕의 힘을 기

힉 피!

르는데 아주 좋은 수단이었지요.

527년, 신라 법흥왕은 불교를 국가 종교로 받아들이기 위해서 신하들을 설득했어요. 하지만 왕의 힘이 커지면 자신들의 힘이 약해질 수밖에 없을 거라 생각한 귀족들은 극구 반대했지요.

이때 나타난 신하가 이차돈이었어요. 그는 홀로 불교를 받아들여야 한다고 주장하면서 반대하는 이들에 맞서 목숨으로 불교의 힘을 증명해 보이려 했어요. 법흥왕에게 자신의 목을 베면 기이한 일이 일어날 것이라 말하며 스스로 목숨을 내놓았지요. 이차돈의 말처럼, 그가 죽자 그의 몸에서 흰 피가 쏟아졌고, 이를 지켜본 귀족과 신하들은 더 이상 불교를 반대하지 못했어요.

역사의 기록처럼 그의 피가 정말 흰 피였는지는 알 수 없지만, 불교를 받아들이는 데 그의 공이 매우 컸다는 사실은 분명하답니다.

028 우리나라 최초의 여왕은 누구일까요?

신라 진평왕에게는 근심이 하나 있었어요. 바로 아들이 없고 딸만 있었던 거예요. 아들이 왕위를 잇는 시절이었던 당시로는 왕위를 다른 사람에게 주어야 할지도 몰랐어요.

우여곡절 끝에 진평왕의 딸, 덕만공주는 왕위에 오를 수 있었어요. 여자였지만 그녀가 얼마 남지 않은 '성골'이었기 때문에 가능했답니다. 당시 신라에서는 부모 두 명이 모두 왕족인 성골만이 왕위에 오를 수 있었는

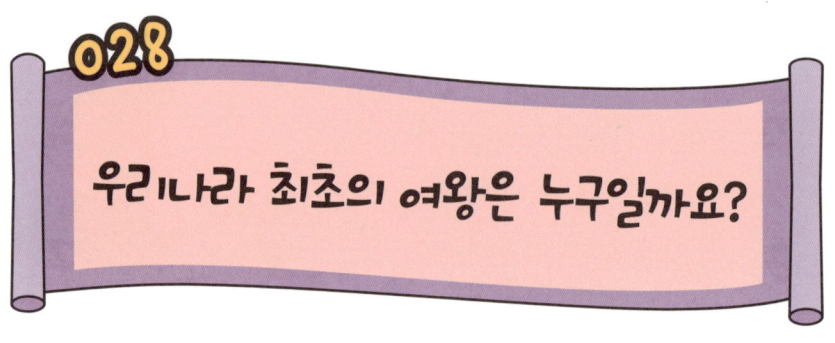

뗏! 어디 감히 여왕님께서 뭘 하셨는지 알면 그런 말 못 할 거다!

데, 이 성골의 수가 많이 부족했어요. 그렇게 왕위에 오른 그녀가 바로 우리나라 최초의 여왕, 선덕여왕이었어요.

  선덕여왕이 왕위에 오른 뒤에도 반발하는 세력들이 매우 많았어요. 이에 선덕여왕은 황룡사에 거대한 탑을 세워 왕의 힘을 드높이기로 결심했어요. 오늘날 아파트 27층 정도 높이의 거대한 9층 목탑을 세운 거예요. 하지만 이후에도 상대등 비담의 반란이 일어나는 등 여왕이라는 지위가 가진 한계는 여전히 나타났어요.

  하지만 선덕여왕은 어려움을 이겨 나가며 나라를 다스리는 동안 첨성대, 분황사, 영묘사 등을 세우며 신라만의 불교문화를 꽃피웠답니다. 위기가 많았던 선덕여왕이었지만 백성들을 위하고 신라의 불교문화를 크게 발전시킨 왕이었어요. 그리고 무엇보다 남성 중심의 사회에서 16년간 나라를 다스린 우리나라 최초의 여왕이었답니다.

029 신라시대에도 아이돌이 있었다고요?

　신라시대에도 오늘날의 아이돌과 비슷한 이들이 있었답니다. 대가야를 흡수하고 한강 유역을 차지하며 발전하던 신라 진흥왕 시기, 신라는 조직 하나를 만들었어요. 바로 신라의 청년, 청소년들이 모인 화랑이라는 조직이었지요.

　화랑은 주로 용모가 빼어난 귀족의 자제들이 선발되었어요. 이들은 오늘날의 아이돌 가수들처럼 용모가 빼어날 뿐만 아니라 몸과 마음을 수련하고 학문을 공부하는 데도 노력을 기울였던 집단이었어요. '충성으로써 임금을 섬기고, 싸움에 있어서는 절대 물러서지 않는다' 등의 세속오계에 따라 수련하는 집단이었지요.

　진흥왕 시기, 고구려와 백제, 신라는 그야말로 치열한 세력 다툼과 전쟁을 하고 있었어요. 가장 늦게 발전하기 시작한 신라로서는 무엇보다 뛰어난 인재들이 절실했어요. 단순히 전쟁에 참여하는 것 이상으로 나라의 부흥을 이끌 젊은 인재들이

 필요했던 것이죠. 이러한 목적으로 만들어진 화랑은 실제 신라의 여러 전쟁터에서 놀라운 활약을 이어갔어요.

 화랑은 주로 무리를 이루어 집단생활을 했어요. 리더인 화랑과 그를 따르는 낭도들이 늘 함께 하였답니다. 한 화랑에 많게는 낭도 수천 명이 따르기도 했지요. 이들은 여러 계곡과 산을 오르며 몸과 마음을 단련하고 수양했어요. 금강산 같은 먼 곳까지 다녀온 화랑이 있을 정도였지요.

 이 화랑도는 후에 신라 발전의 큰 원동력이 되었어요. 신라의 영웅인 김유신과 김춘추, 그리고 황산벌 전투에서 활약하여 신라의 승리를 이끈 관창 역시 화랑이었답니다.

030 고구려와 백제의 유민들은 어디로 갔을까요?

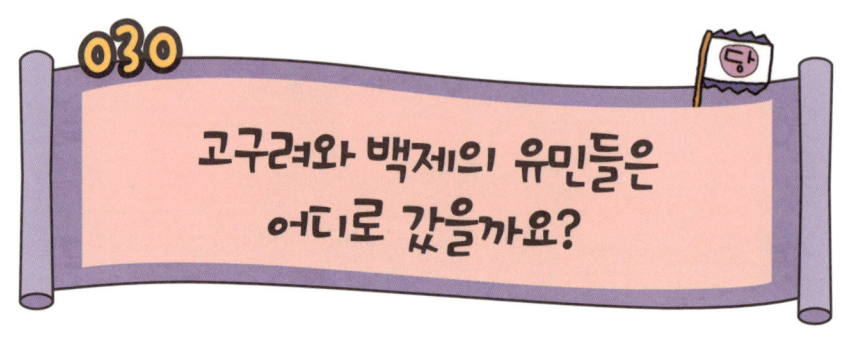

전쟁에서 패하면 그 나라 백성들의 생활은 아주 피폐해질 수밖에 없어요. 백제와 왜 연합군은 백강전투에서 그야말로 처참한 패배를 당했어요. 그 뒤 수많은 백제 유민들이 부흥운동의 장군들을 따라 치열하게 싸웠지만 그마저 패배하고 말았지요. 이 패배 뒤 백제 부흥운동을 이끌던 부여풍은 고구려로 달아나고, 부흥운동의 거점이었던 주류성도 함락되고 말았어요.

 나라가 망하자 수많은 백제 유민들은 갈 곳을 잃었어요. 왕족을 포함한 일부는 당나라에 끌려가고, 또 일부는 그대로 옛 백제 땅에 남아 신라인으로 살아가게 되었지요. 백제 유민들 중 상당수는 오랫동안 가까운 관계를 유지하던 왜로 건너가기도 했어요.

 고구려 역시 668년에 당과 신라의 연합군에 의해 멸망하면서 만주와 한반도를 호령하던 고구려의 700년 넘는 역사가 끊기고 말았지요. 고구려인들의 저항이 두려웠던 당은 평양성을 함락한 이후, 강압적으로 고구려인들을 억압하고 강제로 당나라로 이주시키려고 했어요.

 고구려에서 대형 벼슬을 지냈던 검모잠은 고구려 왕족 안승을 왕으로 추대하여 고구려 부흥운동을 일으켰어요. 부흥군은 고구려 유민이 중심이 되어, 마침 당과의 사이가 금이 가던 신라와 연합하여 함께 당을 공격했어요.

 하지만 당의 대대적인 반격으로 검모잠과 안승 사이에 의견 다툼이 생기면서 안승이 검모잠을 죽이고 신라에 항복하는 씁쓸한 결과를 가져왔답니다.

전쟁영웅이 된 고구려의 유민이 있다고요?

고구려가 멸망한 뒤, 수많은 고구려인이 중국으로 이주를 당했어요. 나라를 잃은 백성으로서 낯선 땅에서 고생스러운 삶을 살아가기 시작했지요.

고선지는 망한 나라의 유민이었지만 당에서 큰 성공을 이룬 인물이에요. 비록 당나라의 장군이었지만 그는 세계 역사에 이름을 새길 정도로 많은 업적을 쌓은 인물이었답니다.

고구려 멸망 후 고선지의 아버지는 당에서 장군으로 활동하였어요. 그런 아버지의 뒤를 이어 그 역시 당의 장군이 되었지요. 그는 고구려인 특유의 용맹함으로 많은 이의 주목을 받았답니다. 뛰어난 전술과 지략으로 여러 반란군을 진압하는 데 성공하여 장군으로서 높은 자리에까지 올랐어요. 고구려 출신으로서 차별을 받았음에도 뛰어난 능력으로 수많은 당나라 군대를 지휘하게 되었지요. '시의 성인'으로 불리는 유명한 시인 두보가 그를 찬양하는 시를 지을 정도로 명성이 높았어요.

747년, 고선지는 당 현종의 명을 받아 서역 원정에 나섰어요. 그의 군대는 멀리 티베트를 넘어 오늘날의 파키스탄까지 나아갔답니다. 그들은 실크로드를 따라 파미르고원을 넘는 데 성공했어요. 해발 5,000m가 넘는 산맥들로 이루어진 파미르고원은 그야말로 험난하기가 말로 할 수 없을 정도였어요. 하지만 고선지는 군대를 훌륭히 지휘하며 거침없이 나아갔어요. 그리고 마침내 오늘날의 서아시아 일대까지 정벌하여 널리 이름을 떨쳤지요.

그의 서역 원정은 동양과 서양의 문화 교류의 길을 열었다는 점에서 그 의미가 높이 평가받고 있답니다.

032 함께 손잡았던 신라와 당은 왜 전쟁을 벌였을까요?

　신라와 당이 함께 손잡은 나당연합군은 백제와 고구려를 차례차례 멸망시켰어요. 약소국에서 출발한 신라가 드디어 한반도의 주인이 되려는 순간이 다가왔지요. 그런데 당은 단순히 신라를 돕기 위해 한반도와 만주에 온 것이 아니었어요.

　당은 백제의 수도였던 웅진에 웅진도독부를 세우고, 고구려의 수도였던 평양에 안동도호부를 세우며 야욕을 드러냈어요. 그리고 처음 신라와 약속했던 것과 달리, 신라의 수도 경주를 계림도독부라 칭하고 신라를 차지하려는 생각까지 내비쳤답니다. 신라를 쉽게 무찌를 수 있다고 생각한 거예요.

　신라는 이러한 당의 생각을 일찍부터 알아챘어요. 그래서 고구려 멸망 직후부터 전략을 세우며 싸움을 준비했어요. 때가 되자, 신라는 고구려 부흥군을 돕기 위해 요동에 군대를 보내고, 웅진도독부를 공격하는 등 본격적인 싸움을 시작했답니다. 강대국이었던 당과 물러설 수 없는 전쟁을 시작했던 거예요. 전쟁에서 지면 한반도와 만주는 통째로 중국에 넘어갈 수 있는 위험한 전쟁이었어요.

　전쟁 초기에 신라군은 우세를 점했어요. 옛 백제 땅의 80여 성을 한꺼번에 점령할 정도였지요. 하지만 이후 석문전투에서 신라 장수 7명이 죽는 등 크게 패하고 말았어요. 그래도 신라는 꿋꿋하게 다시 전쟁을 이어갔어요. 매소성전투에서 당군을 대규모로 격파하며 전세를 다시 유리하게 가져온 데 이어, 서해안의 기벌포에서도 당 수군을 크게 무찔렀어요.

　이후 당은 새로운 강적인 토번의 등장, 오랜 원정으로 인한 후유증 등으로 결국 한반도에서 물러나고 말았어요. 강대국 당에 맞선 신라의 저력이 엿보인 승리였답니다.

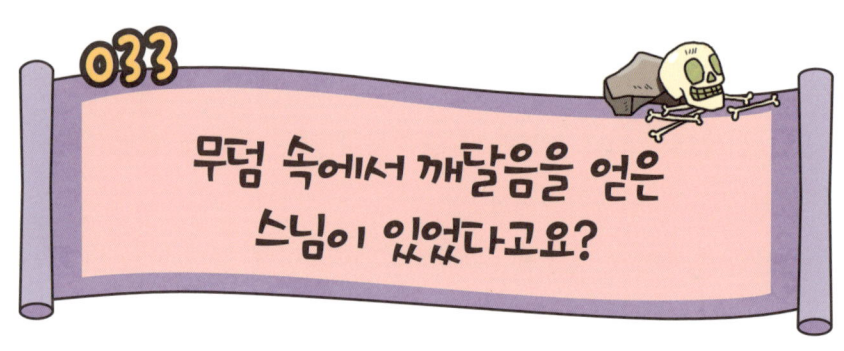

033 무덤 속에서 깨달음을 얻은 스님이 있었다고요?

신라가 이웃 나라들과 한참 전쟁을 하고 있을 당시, 신라의 촉망받는 두 젊은 승려, 원효와 의상은 당나라로 향하고 있었어요. 신라보다 불교문화가 더 발전된 당나라로 가서 깊이 있게 공부하기 위함이었지요. 옛 스님들의 이야기를 적은 《송고승전》이라는 책에 이 원효와 의상에 관한 한 이야기가 전해져요.

당나라를 향한 먼 여정에 나선 원효와 의상은 오랜 시간 끝에 바닷가에 이르렀어요. 그들은 그곳에서 배를 얻어 타고 바다를 건너려 했지요. 하지만 날이 어둑어둑해지고 갑자기 큰 비가 내리기 시작해 당장 몸을 피

할 곳을 찾아 나서야 했어요. 그런데 주변에 사람들이 사는 집이 전혀 보이지 않았어요. 급한 대로 그들은 길가에 있던 토굴 속으로 들어갔어요. 지쳐 있던 그들은 그대로 토굴 속에서 깊은 잠에 빠져들었지요.

다음날 잠에서 깨어난 두 스님은 소스라치게 놀라고 말았어요. 그들이 토굴인 줄 알고 편안히 잠들었던 곳이 사실은 해골바가지가 뒹굴고 있는 무덤이었던 거예요. 놀란 가슴을 쓸어내린 후, 그들은 제대로 잠을 잘 수 있는 곳을 찾아 나섰어요. 다행히 빈집을 찾아냈지만, 이미 원효는 깊은 번뇌에 빠져 있었어요. 그날 밤, 빈집에서 편안히 잠을 잘 수 있음에도 불구하고 전날의 일이 계속 생각나 잠이 도통 오지 않았어요. 이튿날 원효는 의상에게 말했어요.

"내가 마음먹기에 따라 무덤이 편안할 수도 있고, 집이 불편할 수도 있다는 것을 깨달았네. 나는 당나라로 가지 않겠네."

원효는 그대로 신라로 돌아와 불교의 가르침을 널리 대중에게 전파했답니다.

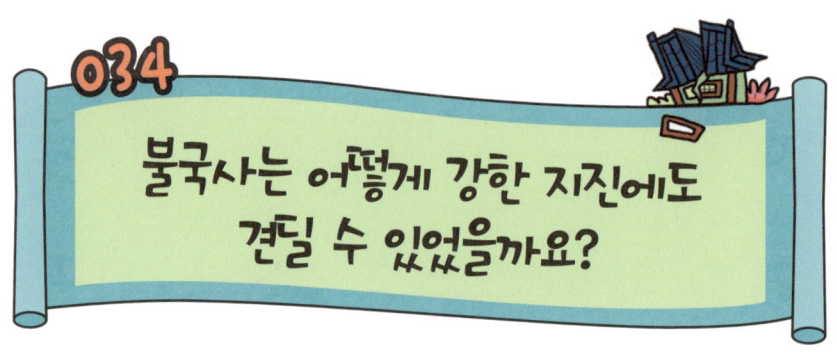

034 불국사는 어떻게 강한 지진에도 견딜 수 있었을까요?

지난 2016년 경주에서는 규모 5.8의 큰 지진이 일어났어요. 우리나라에서 지진 관측을 시작한 이후 발생한 가장 큰 지진이었죠. 당시 많은 집의 지붕이 부서지고 벽에 금이 갈 정도로 큰 피해를 보았어요.

경주는 우리가 알다시피 신라의 수도였던 곳이어서 여러 문화재들 역시 지진으로 손실되지는 않았을까 걱정을 많이 했답니다. 지진이 끝나고, 전문가들이 불국사에 대해 조사했는데, 다행히 일부를 빼놓고는 대부분 안전했어요.

사실 경주에서는 신라시대에도 큰 지진이 많이 일어났다고 해요. 《삼국사기》에 630년의 큰 지진으로 '대궐의 뜰이 갈라졌다'라고 기록되어 있을 정도였지요. 그래서 우리 조상들은 불국사를 지을 때 지진을 대비해서 지

었다고 해요. 그들의 현명한 지혜를 엿볼 수 있는 부분이지요.

　불국사는 신라 경덕왕 때의 재상 김대성이라는 인물에 의해 확장되어 완성된 절이에요. 고대 한국 절의 특징을 잘 보여주는 문화유산이라 할 수 있지요. 이곳에는 청운교와 백운교라는 돌계단 다리가 있어요. 불국토와 현실 세계를 이어준다는 의미로 '교'라는 이름이 붙었어요.

　불국사에서 볼 수 있는 가장 대표적 유산은 바로 다보탑과 석가탑이에요. 두 탑 모두 국보로서 신라시대 불교문화를 잘 알려주는 유산이지요. 특히 석가탑은 절제된 아름다움을 잘 표현해 낸 걸작이랍니다. 단단한 돌을 완벽한 비율로 다듬어 만들어냈어요. 다보탑은 정교하고 화려한 아름다움으로 많은 사람의 이목을 끄는 탑이에요. 단순한 탑 이상의 아름다움으로 우리에게 많은 영감을 주고 있답니다.

035 '그림자가 없는 탑'이 있다고요?

절에 가면 꼭 볼 수 있는 것 가운데 하나가 바로 탑이에요. 그런데 수많은 절에는 왜 꼭 탑이 있을까요? 탑은 원래 불교를 일으킨 석가모니의 사리를 보관하고자 만들어졌답니다. 참된 수행을 하여 생겨나는 구슬 모양의 유골인 사리 말이지요. 그런데 모든 탑에 그의 사리를 보관할 수는 없었어요. 그래서 석가모니의 사리를 보관하지는 않지만, 같은 의미가 담긴 탑을 많은 절에 상징적으로 세웠답니다.

흔히 석가탑으로 부르는 불국사삼층석탑은 독특한 별명을 갖고 있어요. 그림자가 없는 탑, 즉 '무영탑'이에요. 이 높은 탑에 그림자가 없다니, 참 신기하지요? 이 별명이 붙은 데는 심오한 뜻이 있어요. 부처의 가르침을 일반 사람들은 알 수가 없으

니 마음에는 그 이야기가 남지 않는다는 뜻이지요. 무영탑에는 설화가 하나 전해지고 있어요. 소설 속 이야기로 재탄생되어 오늘날까지도 전해지고 있는 설화의 내용은 다음과 같아요.

백제에 아사달과 아사녀라는 부부가 있었어요. 탑을 만드는 기술이 뛰어난 장인이었던 아사달은 어느 날, 불국사에 탑을 세우려는 신라의 요청으로 신라로 떠나게 되었답니다. 그런데 시간이 아무리 지나도 아사달이 돌아오지 않자, 그리움에 지친 아사녀는 불국사로 향했답니다. 그러나 탑이 완성되기 전까진 만나지 못하고, 탑이 완성되면 불국사 근처의 연못에 탑의 그림자가 비칠 것이라는 이야기만 듣게 되었어요.

아사녀는 하염없이 기다렸지만, 아무리 기다려도 탑의 그림자는 보이지 않았어요. 절망한 그녀는 결국 스스로 목숨을 끊고 말았지요. 삼층석탑을 완성하고 난 이후, 이 소식을 들은 아사달은 큰 슬픔과 절망에 빠지고 말았어요.

비극적인 결말의 참 안타까운 이야기랍니다.

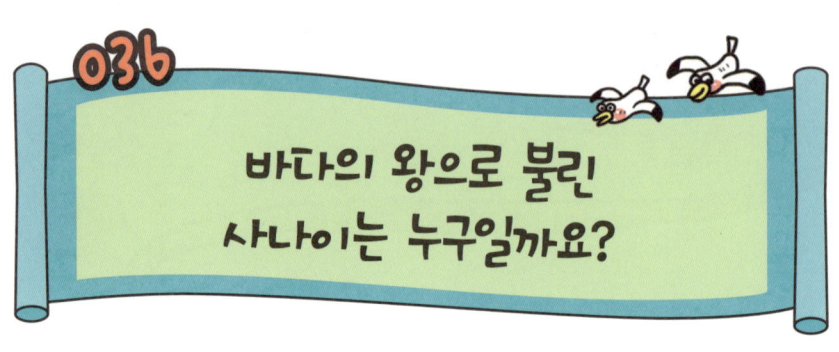

036 바다의 왕으로 불린 사나이는 누구일까요?

해적들은 해안가 마을을 덮쳐 사람들을 납치하고 재물을 빼앗는 등 나쁜 일을 많이 하지요. 신라시대에 이 해적들로부터 백성들을 구하려고 노력했던 이가 있었어요. 바로 '바다의 왕'으로 활약했던 장보고예요. 장보고는 오늘날 한국과 중국, 일본 이 세 나라에서 모두 기념하고 있을 정도로 국제적인 역사 위인이랍니다.

장보고는 어렸을 때부터 활쏘기, 말타기 등에 매우 뛰어났어요. 또한 싸움과 수영, 무예에도 일찍이 두각을 보일 정도로 다재다능했답니다. 하지만 아쉽게도 낮은 신분의 집안에서 태어난 탓에 신라 사회에서 장보고가 성공하기란 매우 어려운 상황이었지요. 이에 그는 어린 시절을 함께 보낸 친구 정년과 당나라 군대에 들어가 갖고 있던 능력을

보여줄 계획으로 신라를 떠났어요.

당나라 군대에 들어간 장보고는 곧 갖고 있던 재능을 바탕으로 놀라운 활약을 이어갔어요. 그리고 마침내 당나라의 장수가 되었답니다. 그런데 어느 날, 그는 당나라 해적에게 잡혀 와 노예로 팔리는 신라인들을 목격하게 되었어요. 그 순간, 그는 같은 신라인으로서 신라인들이 해적들로부터 고통받지 않도록 하겠노라고 다짐하였답니다.

그 길로 신라로 돌아간 장보고는 왕에게 지금의 완도 지역에 '청해진' 설치를 건의했어요. 청해진 기지를 만들어 해적으로부터 백성을 지키겠다는 그의 의지에 왕은 기꺼이 승낙했지요. 이후 장보고는 바다의 왕으로서 청해진 기지를 지휘하며 동아시아 바다를 지켜나갔답니다.

037 포석정은 무엇을 하는 곳이었을까요?

신라는 경덕왕이 죽고 시간이 지날수록 귀족들의 힘이 세졌어요. 신라시대 말에는 귀족들이 왕위를 노려 서로 다투면서 점점 혼란에 빠지게 되었답니다. 각 지방에서는 새로운 세력들이 나타나 신라 왕실의 통치에서 벗어나려는 움직임도 일어났어요.

옛 백제의 땅인 완산주의 견훤과 신라 왕족 출신인 궁예는 그중 가장 돋보이는 세력이었어요. 견훤은 본래 신라의 장수였지만 점차 자신만의 세력을 만들어 힘을 키운 인물이었고, 궁예는 승려 출신으로 자신의 세력을 만든 인물이었어요. 이 궁예의 부하 중에는 후에 고려를 세운 왕건도 있었답니다.

이처럼 각지의 여러 세력이 독립하는 상황 속에서 신라의 경애왕은 위기를 돌파하고자 했어요. 그는 고려와 동맹을 맺

고 견훤의 후백제와 맞서려 했어요. 이에 분노한 견훤은 신라의 수도인 서라벌을 기습 침공하기로 결심했답니다. 그는 직접 군대를 이끌고 서라벌로 맹렬히 진격했어요. 하지만 경애왕은 이를 전혀 예상하지 못하고, 포석정에서 신하들과 함께 잔치를 벌이고 있었어요.

　포석정은 신라의 왕과 귀족들이 연회를 즐기기 위해 만들었던 장소예요. 돌로 구불구불한 도랑을 만들고 물이 흐르게 꾸몄던 연회장이었죠. 이곳에서 경애왕과 신하들은 물이 흐르는 도랑에 잔을 띄우고 시를 읊으며 연회를 즐기고 있었어요.

　예상치 못한 후백제군이 포석정에 등장하자, 경애왕과 신라 귀족들은 혼비백산했어요. 아무 준비가 안 되어 있던 경애왕과 신라 귀족들은 후백제군에 사로잡히고 말았지요. 그리고 결국 경애왕은 신하들이 보는 앞에서 견훤에 의해 자결을 강요당했답니다. 잔치를 여는 아름다운 장소였던 포석정이 한순간에 비운의 장소가 되어버렸답니다.

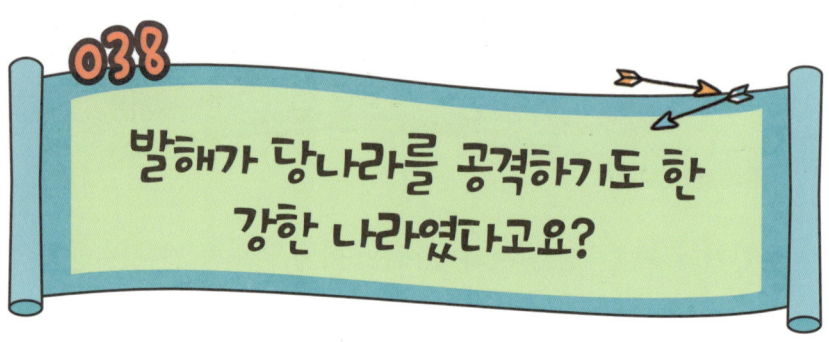

038 발해가 당나라를 공격하기도 한 강한 나라였다고요?

고구려 부흥운동이 실패로 돌아간 후 당나라로 강제 이주당한 고구려 유민들은 살아남기 위해 갖은 고생을 할 수밖에 없었어요.

고구려 장군 출신인 걸걸중상과 그의 아들 대조영 역시 당나라 영주라는 곳에 묶여 있었답니다. 그러다 거란인들이 반란을 일으키자, 자신들의 무리를 이끌고 당나라를 탈출했어요. 이들의 목적지는 바로 옛 고구려 땅이었지요.

고구려 유민, 말갈 무리를 이끌던 걸걸중상과 걸사비우가 죽은 후,

대조영이 남은 무리를 이끌었어요. 그리고 당과의 전투에서 승리하고 동모산 기슭에 나라를 세웠답니다. 이 나라가 바로 발해였어요. 대조영은 당과 대립하고 있던 돌궐, 신라 등과 외교관계를 맺으며 발해를 이끌었어요. 이후 당과 정식으로 외교를 맺을 정도로 나라의 기틀을 단단히 잡아갔지요.

대조영의 뒤를 이은 아들 무왕은 발해의 영토를 더욱 넓혀간 정복 군주였어요. 그는 옛 고구려와 부여의 땅 상당수를 회복하고, 독자적인 연호를 선포하며 발해를 더욱 자주적인 나라로 발전시켰답니다.

당은 점점 성장하는 발해를 꺼려서 말갈족을 동원하여 압박하려 했어요. 무왕은 이러한 상황에서 동생 대문예가 당에 망명하자 화를 참을 수 없었어요. 그는 장군 장문휴로 하여금 수군을 이용해 당의 등주를 공격하게 했답니다.

무왕의 명을 받은 장문휴는 등주 공격에 나섰어요. 그리고 등주자사 위준을 죽이는 등 큰 성과를 거두었지요. 이 전투는 당을 크게 위협했고, 발해가 강국으로 올라서는 계기가 되었답니다.

039 발해의 왕은 왜 자신을 고려국왕이라 했을까요?

727년에 일본으로 사신을 보낸 발해는 국서를 통해 자신들이 고구려의 후손임을 당당히 밝혔어요. 발해의 왕이 자신을 '고려국왕'이라 칭했던 거예요. 당시는 왕건의 고려가 나오기 전이었으므로 고려는 '고구려'를 일컫는 말이었어요. 즉 고구려의 후예라는 뜻으로서 '고려국왕'이라 표현하였던 것이랍니다.

발해가 고구려의 후예이자 우리 민족의 나라라는 것은 다른 사실로부터도 알 수 있어요. 특히 무덤에서 쉽게 찾을 수 있지요. 고구려에서는 무덤을 만들 때 돌을 이용했는데, 발해의 무덤도 이와 비슷하답니다. 고구려처럼 널찍한 돌을 쌓아 방을 만들고, 그 안에 시신을 넣은 관을 두는 방식을 주로 사용했지요. 이는 발해의 제3대 문왕의 둘째 딸인 정혜공주의 묘에서 확인할 수 있어요. 정혜공주의 묘는 돌을 이용해 무덤을 만드는 고구려 무덤 양식의 특징을 잘 갖고 있답니다.

문왕의 넷째 딸, 정효공주의 무덤은 이와는 약간 다른 점이 있

었어요. 바로 벽돌무덤이었는데, 이는 당의 양식과 고구려의 양식이 섞인 모습이라 할 수 있어요. 벽돌이라는 당나라의 양식 위에 무덤의 천장이 갈수록 공간이 줄어드는 고구려의 '모줄임' 양식을 사용했지요. 시간이 지나면서 발해와 당의 교류가 많아졌음을 알 수 있는 부분이에요.

두 무덤의 주인공인 정혜공주와 정효공주는 얼마나 오래 살았을까요? 안타깝게도 그녀들은 아버지 문왕보다도 먼저 세상을 떠났다고 해요. 문왕은 두 딸을 잃은 슬픔이 큰 나머지 잠도 잘 자지 않았다고 전해져요. 아마 자식을 잃은 슬픔이 이루 말할 수 없이 컸을 거예요.

040 궁예는 왜 폭군이 되었을까요?

후고구려를 세운 궁예는 대단한 카리스마를 가진 인물이었어요. 그는 삼한의 약 3분의 2를 차지해 후삼국시대의 통일을 눈앞에 두었던 인물이기도 했지요. 그랬던 그가 어느 순간 폭군이 되어, 결국에는 신하들에 의해 쫓겨났답니다. 그는 왜 그렇게 변했던 걸까요?

궁예는 본디 신라 왕족 출신이었어요. 하지만 왕가로부터 버림받은 후, 절의 승려로 성장했답니다. 이후 그는 절에서

나와서 죽주 지방의 호족 기훤의 부하가 되었고, 그다음 해에는 북원 지방에서 활약하던 양길의 부하가 되었어요.

이 시기의 궁예는 굉장히 모범적이었어요. 그를 따르던 병사들과 함께 고생했고, 모든 일을 공평하게 행하려 노력했지요. 이에 많은 병사가 궁예를 진심으로 따랐답니다. 궁예는 점차 세력을 키워 독립했어요. 여러 호족을 받아들이며 힘을 기른 후 자신의 옛 주인이었던 양길의 군대까지 격파했어요.

901년, 마침내 궁예는 후고구려를 건국했답니다. 이후 여러 전투에서 후백제군을 격파하고 신라를 위협했어요. 911년, 나라 이름을 태봉으로 바꾼 궁예는 그때부터 달라졌어요. 자신을 미륵불이라 칭하고 불교 경전을 직접 쓰며 '관심법'이라는 이름으로 신하들을 제멋대로 죽이기까지 했지요. 심지어 이를 말리던 부인과 두 아들까지 죽이는 만행을 저질렀답니다. 이는 궁예가 자신의 힘을 절대적으로 강하게 만들어 정치를 해 나가려고 해서 벌어진 일이었어요. 하지만 이런 잔인한 정치는 여러 사람의 반발을 불러일으켰고, 결국 신하들에 의해 쫓겨나고 말았답니다.

신라의 마지막 태자는 왜 삼베옷을 입었을까요?

약 천 년간 이어진 신라의 역사는 큰 위기를 맞게 되었어요. 경애왕이 견훤에 의해 죽임을 맞이하며 바람 앞의 등불과 같은 상황에 놓이게 된 거예요. 위기의 상황 속에서 경순왕이 왕위를 잇게 되었어요. 그는 견훤에 의해 왕위에 오른 인물이었답니다. 하지만 예상과 달리 그의 마음은 강경한 견훤의 후백제에 그리 호의적이지 않았어요.

신라의 위기가 깊어지고, 왕건의 고려가 후백제와의 여러 전투에서 승리하면서 전세가 고려 쪽으로 기울기 시작하자 투항하는 자들도 많아졌어요. 그러던 중, 왕위계승 문제로 왕위에서 쫓겨난 견훤이 고려에 투항하는 놀라운 사건이 일어났어요. 이를 지켜본 경순왕의 마음은 고려로 굳혀졌답니다. 신라를 더 온전히 보전할 수 없다

"신라가 없으면 나도 없어."

고 생각해, 고려에 항복하기로 결심하였던 것이죠.

이때, 이를 강력하게 반대하는 한 사람이 나타났어요. 그는 다름 아닌 바로 경순왕의 아들, 태자였어요. 태자는 경순왕에게 다음과 같이 말하였어요.

"나라가 흥하고 망하는 데는 반드시 하늘의 뜻이 있습니다. 그렇기에 힘을 다하지 않은 채 천 년의 사직을 다른 나라에 넘겨주는 것은 절대 있을 수 없는 일입니다."

하지만 강경한 태자의 외침에도 불구하고 경순왕은 항복의 뜻을 왕건에게 전했어요. 죄 없는 백성들을 더 이상 괴롭힐 수 없다는 것이 그 이유였지요.

신라가 고려에 항복하여 역사가 끊기던 날, 태자는 통곡하며 슬퍼했어요. 그리고 그길로 금강산으로 들어가 세상과 떨어져 살기 시작했지요. 그는 바위 아래 집을 지어 삼베옷을 입고, 풀뿌리와 나무껍질을 먹으며 살다가 생을 마쳤답니다. 한 나라의 태자로서 느꼈을 나라 잃은 슬픔이 얼마나 컸을지가 느껴지는 이야기랍니다.

042 왕건의 아내는 모두 29명이나 되었다고요?

918년, 왕건은 폭정을 하던 궁예를 몰아내고 왕이 되었어요. 나라 이름을 '고려'라 칭했는데, 그 이유는 고구려의 정신을 이어받기 위해서였어요. 왕건이 고려를 세운 뒤에도 견훤의 후백제는 견고했어요. 경주를 급습해 경애왕을 죽인 후에는 후백제가 더 유리한 위치에 있었지요. 게다가 왕건과의 공산전투에서는 대승까지 거두었어요.

하지만 이어진 고창전투에서는 왕건의 고려가 큰 승리를 가져왔어요. 그런 와중에 왕위 다툼으로 큰 혼란이 일어난 후백제는 그 힘이 더욱 약해졌어요. 신라가 고려에 스스로 항복하자 전세는 더 기울어졌고

936년에 마침내 왕건은 후백제를 물리치고 후삼국을 통일했답니다.

 후삼국을 통일한 왕건은 궁예와 달리 신하들과 백성들로부터 점차 믿음을 얻어갔어요. 오랜 전쟁으로 지친 백성들을 달래려 세금을 줄이고, 가난한 이들이 굶지 않도록 힘썼답니다. 또한 지방의 여러 호족들을 자신의 편으로 만들어 나라를 안정시켰어요.

 당시에는 각 지방 호족들의 세력이 건재한 경우가 많았어요. 그래서 왕건은 호족들의 마음을 얻기 위해 특별한 방법을 활용했답니다. 바로 결혼이었어요. 그는 여러 호족의 딸과 결혼해서 자신의 편으로 만들었어요. 싸우지 않고 자신의 편으로 만들기 위한 방법이었지요. 그런 이유로 왕건은 29명이나 되는 아내를 두었답니다. 지금 이런 방법을 쓰면 아마 큰일 나겠죠?

과거제도는 언제부터 시작되었을까요?

어사화를 꽂고 기쁜 표정으로 사람들의 축하를 받았던 장원 급제자의 모습은 당시 과거시험이 갖는 의미가 매우 컸음을 알려주어요. 오랫동안 많은 사람의 선망의 대상이 되었던 과거시험은 과연 언제부터 시작되었을까요?

과거시험 하면 흔히 조선시대를 떠올리기 쉽지만, 사실 그보다 훨씬 전인 고려시대부터 시작되었어요. 고려 제4대 왕인 광종은 태조가 세운 고려의 기틀을 단단히 잡아간 왕이에요. 과거제도는 이 광종의 시대에 처음 우리나라에서 시작되었답니다.

당시 고려가 건국된 지 얼마 되지 않았던 때, 광종은 호족들의 힘을 누르고 왕의 힘을 서서히 키워나갔어요. 처음 나라를 만들 때는 호족들의 힘이 필요했지만 나라가 기틀을 잡아가기 위해서는 더 이상 많은 호족의 힘은 필요치 않았던 거예요.

광종은 이미 큰 세력을 갖고 있던 귀족과 호족들보다는 젊고

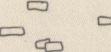

제1회 과거시험

유능한 새로운 인재들을 모아 나라를 다스리고 싶었어요. 하지만 집안 배경이나 명성에 의해 쉽게 관직에 오를 수 있었던 귀족과 호족들의 반발이 쉽게 예상되었지요. 광종의 입장에서는 무언가 합당한 제도가 필요했답니다.

　광종은 중국 후주라는 나라에서 고려로 귀화한 쌍기라는 인물을 한림학사로 등용하여 중용하기 시작했어요. 쌍기는 중국에서 시행되던 과거제도를 광종에게 건의했어요. 능력과 실력에 따라 관직에 오를 수 있는 길을 제도로 마련하고자 했던 거예요. 쌍기의 건의에 따라 광종은 과거제도를 본격적으로 시행하기 시작했어요. 여전히 귀족들의 힘은 건재했지만, 유교적 교양을 갖춘 인재들이 과거를 통해 새로이 등장하며, 광종의 뜻에 따라 나랏일을 맡아 하기 시작했답니다.

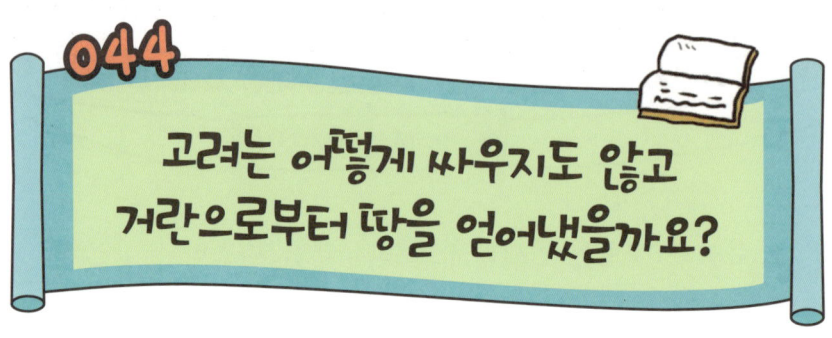

044 고려는 어떻게 싸우지도 않고 거란으로부터 땅을 얻어냈을까요?

신라와 손잡고 백제와 고구려를 멸망시켰던 당의 역사도 오래가지는 못했어요. 후삼국 시대에 이르러 당도 멸망하고 말았지요. 이후 중국 북쪽은 매우 혼란스러워졌어요. 이 혼란을 틈타 오랫동안 여러 나라의 지배를 받던 거란족이 세력을 키우기 시작했어요. 이들은 힘이 커지자 중국 대륙을 침략하는 한편, 막 성장을 시작하던 고려를 경계했어요.

고려 역시 발해를 멸망시킨 거란을 경계했지요. 그래서 거란보다 송과 가까운 관계를 유지했어요. 이에 거란, 즉 요나라는 둘 사이의 관계를 끊기 위해 고려로 침입했답니다.

거란의 장수 소손녕이 이끄는 거란군은 첫 전투에서 고려군에 승리했어요. 이에 고려 조정에서는 거란과 타협해야 한다고 말하는 목소리가 커졌지요. 하지만 고려군은 거란군의 계속된 공격을 잘 막아내었답니다. 당황한 거란은 고려를 위협하는 한편, 회담을 계속 요구했어요. 그들은 송과의 전쟁도 준비해야 했기에 고려에 오래 머무를 수는 없었어요. 고려와 최대한 안전한 관계를 맺고 빨리 돌아가고자 했지요.

서희는 거란의 목적이 영토 전쟁보다는 송과의 전쟁에서 자신들의 뒤를 안전하게 만들려는 것임을 꿰뚫어 보았어요. 이에 담판을 지으러 직접 소손녕을 찾아갔답니다. 국서를 가지고 소손녕을 찾은 서희는 여진족이 가로막고 있어 거란과 교류를 할 수가 없다고 말했어요. 그리고 교류를 하려면 압록강 동쪽의 땅이 필요하다 설득했지요.

서희의 말에 거란은 강동 6주의 땅을 고려가 차지하게 해주고는, 그들의 땅으로 되돌아갔어요. 서희의 놀라운 외교술로 땅을 잃기는커녕 오히려 땅을 얻어낼 수 있었답니다.

고려시대 여자들의 삶은 어땠을까요?

오늘날 우리 사회는 한 쌍의 남녀가 결혼해 가정을 꾸리지요. 지금이야 매우 당연한 것이지만, 남자 위주의 가부장적 사회였던 예전에는 당연하지 않았어요. 한 명의 남자가 여러 명의 여자를 부인으로 두는 경우가 많았어요. 그런데 고려시대에는 대부분의 남자가 한 명의 부인만을 두었다고 해요. 박유라는 한 관리가 여러 명의 부인을 두자고 왕에게 건의했다가 많은 비난을 당할 정도였지요.

고려시대 가정에서는 여자들의 지위가 남자들과 동등한 편이었어요. 남자가 무조건 우선되던 조선시대와는 그 분위기가 사뭇 달랐답니다. 명절 제사도 남자만 지내는 것이 아니라 아들과 딸이 골고루 돌아가며 지냈어요. 또한 어떤 한 사람의 신분관계를 나타내는 호적에도 남자가 무조건 위에 오르는 게

아니라 나이 순서에 따라 올랐어요. 만약 큰 딸이 있고 어린 막내아들이 있다면 딸이 먼저 호적에 올랐죠.

 이는 단순한 순서만을 뜻하는 것은 아니었어요. 부모님이 돌아가시고 자식들이 재산을 이어받을 때 이 호적에 따라 골고루 분배되었답니다. 그뿐만 아니라 조선시대에는 상상도 할 수 없었던 여자의 재혼이 자유로웠어요. 상황에 따라 다시 시집을 가는 것을 사람들이 차별하지 않았답니다. 조선시대에는 재혼한 여자의 자식은 과거시험도 보지 못했던 것에 비하면 실로 큰 차이였지요.

 그렇다고 해서 여자들이 사회 지배층의 계급에서 활동할 수 있었던 것은 아니었어요. 가정에서의 여자들 지위가 높았다고 해도 고려 사회 역시 전통적으로 남성 중심 사회였기 때문이에요. 여자는 아무리 능력이 뛰어나도 과거시험을 치를 수 없었고, 따라서 관직에 진출하는 것이 어려웠답니다.

묘청은 왜 고려의 수도를 옮기자고 주장했을까요?

고려 제17대 인종 때 서경천도운동이 일어났어요. 당시 고려는 새롭게 등장한 강국 금나라의 기세에 눌려 많은 간섭을 받고 있었어요. 고려를 괴롭혔던 거란의 요나라를 멸망시킬 정도로 금나라는 위협적인 존재였어요. 그러한 상황에서 이미 많은 힘을 가졌던 개경의 귀족들은 금나라를 자극하지 않고 되도록 그들의 비위를 맞추려고 했어요. 이와 반대로 오늘날의 평양인 서경 출신의 일부 세력들은 예전에 고려의 영향 아래 있던 여진족(금나라)에게 굴복하는 것은 있을 수 없다며 맞

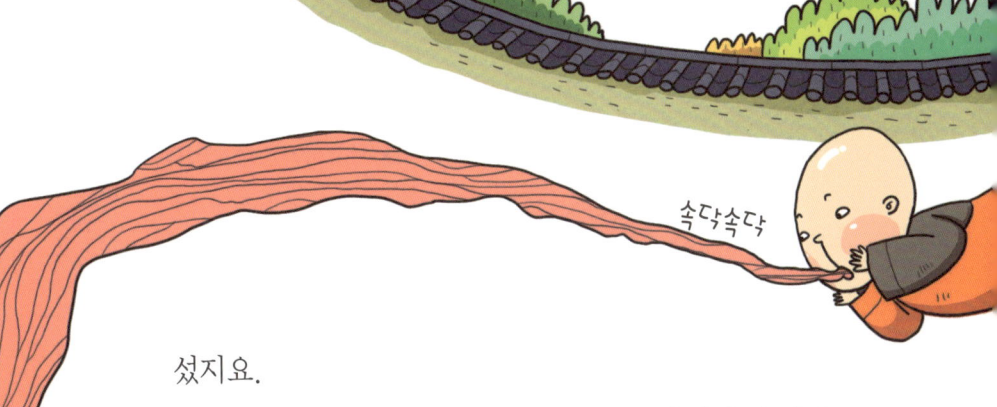

섰지요.

인종은 서경을 중요하게 생각하라는 태조 왕건의 유언에 따라 매년 한 번씩 서경을 찾았어요. 서경 출신 승려였던 묘청을 중심으로 한 서경 세력은 이 기회를 놓치지 않고 왕에게 서경으로 수도를 옮기자고 주장했답니다.

그들은 금나라에 맞서고 옛 고구려의 땅을 찾아야 한다고 주장했어요. 정지상, 김안 등 일부 대신들도 이를 지지해 인종은 처음에는 이를 따르려고 했어요. 하지만 이미 갖고 있던 권력을 빼앗기기 싫은 개경 세력들은 강하게 반대했어요. 끊임없이 인종을 설득해 천도를 방해했지요. 김부식을 비롯한 개경파의 강한 반대에 인종은 결국 천도를 포기했답니다.

서경 천도가 어려워지자 묘청은 극단적인 선택을 하고 말았어요. 서경에 자리를 잡고 반란을 일으킨 것이에요. 새로운 나라를 세워서라도 자신들의 뜻을 이루고자 했답니다. 하지만 난은 약 1년 만에 김부식에 의해 진압되었고, 이때 정지상, 묘청, 김안 등 많은 서경 세력들이 힘을 잃고 말았답니다.

047 만적이 꿈꾸었던 세상은 무엇이었을까요?

1170년, 많은 무신이 정변을 일으켜 권력을 잡았던 '무신정변' 이래 고려 사회는 신분 계급에 큰 변화의 바람이 불었어요. 천민이었던 이가 고려 최고 권력자가 되는 등 그동안의 신분 질서가 파괴되는 혼란스러운 분위기가 이어지고 있었지요. 당연히 낮은 계급에 속했던 많은 이가 부당한 대우와 현실에 불만을 갖기 시작했어요.

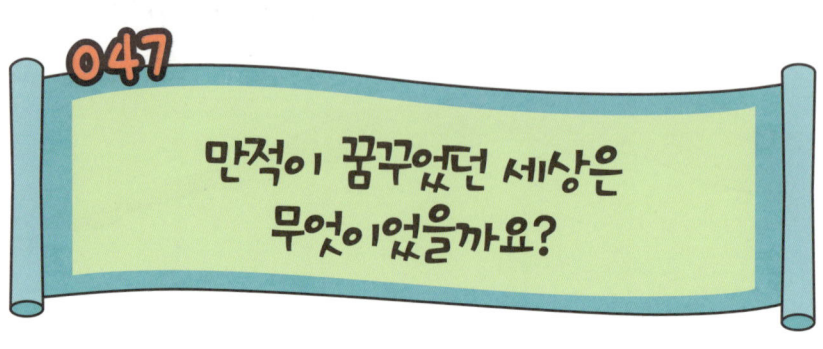

고려 무신정권의 집권자 최충헌의 노비였던 만적은 이러한 분위기를 놓치지 않았어요. 그는 개경 뒷산에서 6명의 다른 노비들과 나무를 하다가 그들을 불러 모아 이렇게 말했어요.

"임금이나 재상의 씨가 따로 있겠느냐! 우리라고 못 할 게 있나? 우리가 각자 주인을 죽이고 노비문서를 불태운다면 우리도 후에 출세할 기회를 얻을 수 있다."

만적의 말에 감명을 받은 노비들은 노란 종이 수천 장을 '丁'자 모양으로 오려 표식을 만들었어요. 이 종이를 가지고 1198년 5월 17일에 흥덕사 뜰에 모이기로 하였어요. 사람들을 설득해 함께 난을 일으키기로 한 것이죠.

약속한 날에 만적은 부푼 꿈을 안고 흥덕사로 향했어요. 하지만 모인 사람이 겨우 수백 명에 지나지 않았어요. 거사의 확실한 성공을 위해서는 계획을 미룰 수밖에 없었지요. 만적은 날짜를 다시 정해 보제사에서 만나기로 하였답니다. 하지만 만적이 꿈꾼 새로운 세상은 물거품이 되고 말았어요. 난의 실패가 두려웠던 순정이라는 노비가 자신의 주인에게 밀고해 만적과 그를 따르는 노비들이 한꺼번에 처형당하고 말았기 때문이에요.

삼별초는 정말 고려를 지키기 위해서 싸웠을까요?

강력한 군사력으로 고려를 위협하던 금나라는 오래가지 못하고, 새로 일어난 몽골제국에 의해 멸망당하고 말았어요. 남쪽으로 밀려났던 송나라 역시 몽골제국에 멸망당했지요. 그만큼 몽골제국은 대단한 정복 국가였어요. 몽골제국의 말발굽이 닿는 곳이라면 어디라도 그들의 손아귀에 떨어졌어요.

고려도 그들의 정복 대상국이었답니다. 그들은 고려에 사신을 보내 물자를 바치라고 전했어요. 그런데 몽골 사신이 돌아가는 길에 죽는 일이 발생했어요. 몽골은 이 일을 구실로 고려를 침략했어요. 매서운 공격에 고려 조정은 도읍을 개경에서 강화도로 옮기고 싸움을 이어갔어요. 강화도는 섬이기도 하고, 갯벌도 있어 방어에 유리했지요.

하지만 이는 지도층만을 위한 피난이었어요. 온 나라에서 많은 백성이 죽거나 다치고 수많은 문화유산이 불탔어요. 처인성 등에서 몽골군에게 승리를 거두기도 했지만 30년 가까이

이어진 전쟁은 백성들에게 큰 고통을 주었답니다.

　강화도로 피한 고려의 무신정권은 자신들이 부리는 군사 조직을 강화했어요. 바로 삼별초라는 조직이었죠. 이들은 나라에서 만든 군대는 아니었지만 강화도를 수비하는 최정예 군대였어요.

　삼별초는 몽골군에 대항해 용맹하게 싸웠어요. 하지만 고려 조정이 몽골과 평화 조약을 맺고 다시 개경으로 도읍을 옮기려 하자 돌아가지 않겠다고 반발하고 나섰어요.

　자신들의 힘이 약해질 것을 우려했던 그들은 강화도에서 진도, 탐라로 이동하며 몽골군과 고려 조정에 맞서 싸웠답니다. 후에 비록 진압이 되긴 했지만 그들이 몽골에 끝까지 맞섰던 점은 참 대단했어요.

049 고려 후기의 왕들은 왜 '충'자가 먼저 붙을까요?

고려는 약 500년의 긴 역사 동안 34명의 왕이 나라를 다스렸어요. 그런데 왕들의 이름을 살펴보면 조금 특이한 점을 발견할 수 있어요. 제25대 충렬왕부터 제30대 충정왕까지의 이름 앞에 '충'자가 붙어 있다는 점이에요. 그 전까지의 왕은 모두 '조'나 '종'으로 끝나는데, 이 이름들은 끝이 '왕'으로만 끝나고 있지요.

왜 왕의 이름이 다를까요? 그 이유는 몽골과 고려의 관계에서 찾을 수 있어요. 오랜 전쟁으로 백성들이 큰 고통을 겪게 되자, 전쟁을 멈추고 몽골(원)의 간섭을 받는 조건으로 고려 조정은 항전을 그만두었어요. 강화도에서 개경으로 돌아온 것이었죠.

고려의 원종은 이 과정에서 외교적인 노력을 했어요. 당시 몽골제국의 침략을 받았던 나

라 대부분이 멸망해 역사에서 사라졌어요. 하지만 고려는 비록 속국이긴 했지만 그대로 이어질 수 있었어요. 굴욕적인 상황에서도 그의 노력 덕분에 고려 고유의 전통 명맥을 이어갈 수 있었답니다.

 하지만 속국의 처지는 비참했어요. 매년 많은 공물을 바쳐야 했으며, 수많은 고려의 여자를 몽골의 원나라로 보내야 했어요. 더불어 몽골을 도와 일본 원정군을 만들어야 하는 부담까지 짊어지게 됐지요.

 왕실의 일도 하나하나 원의 간섭을 받았어요. 원나라와 같은 위치의 용어들은 사용하지 못하게 되었지요. 왕의 이름에도 '조'나 '종'을 사용하지 못하고, 원나라에 충성한다는 의미로 앞에 '충'자를 넣어 지을 수밖에 없었어요. 그래서 충렬왕부터 충정왕까지의 이름에 모두 '충'이 들어가게 되었답니다. 그뿐만 아니라 왕위계승자도 모두 태자가 아닌 '세자'로 불리게 되었고, 신하들이 왕을 부를 때에도 폐하가 아닌 '전하'로만 부르게 되었어요.

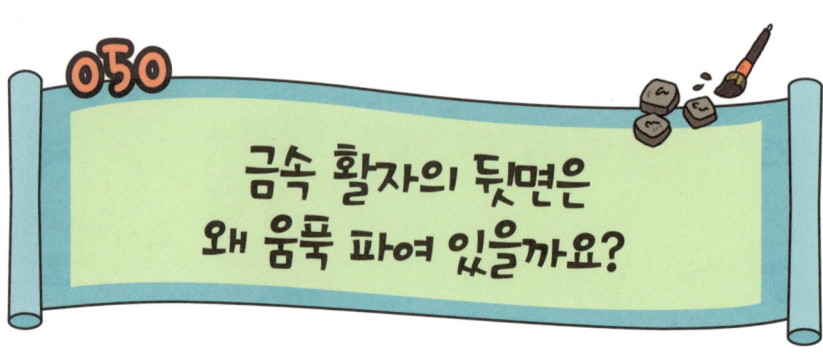

050 금속 활자의 뒷면은 왜 움푹 파여 있을까요?

고려시대에는 팔만대장경과 같은 목판 인쇄술이 굉장히 발달했어요. 그뿐만이 아니라 금속 활자를 이용한 인쇄기술도 매우 발달하였답니다. 전 세계에서 가장 오래된 금속 활자 인쇄본이 바로 우리나라에서 발견될 정도였죠. 1377년 청주 흥덕사에서 인쇄되었던 《직지심체요절》이 바로 그것이에요. 유네스코 세계 기록 유산이기도 한 이 책은 불교의 가르침 중 일부를 정리한 것이랍니다.

이 금속 활자 인쇄본이 중요한 의미를 갖는 것은 단순히 오래되어서만은 아니에요. 금속 활자의 제작에는 높은 수준의 여러 기술이 종합적으로 필요했기에 그 가치가 높은 것이랍니다. 일단 금속 활자를 만들려면 높은 온도에서 금속을 정교하게 다루는

기술이 필요했어요. 또한 활자를 판에 고정하여 흔들리지 않도록 하는 기술이 필요했지요. 그뿐만 아니라 먹이 목판에 비해 금속에는 잘 묻지 않을 수 있어서 그에 적합한 먹을 새로 개발해야 했어요. 그리고 단단한 금속의 날카로운 부분에 의해서 인쇄종이가 쉽게 찢어질 수 있어서 이를 예방하는 기술도 필요했답니다.

  한편, 금속 활자의 앞면에 새겨진 글자들은 여러 조합이 가능해 다양한 종류의 책을 만드는 데 효율적이었어요. 글자가 틀리면 처음부터 다시 새겨야 하는 목판과는 달랐지요. 이런 금속 활자의 뒷면을 살펴보면 움푹 파인 것을 발견할 수 있어요. 그 이유는 당시 금속이 귀했기 때문에 조금이라도 사용되는 구리 양을 줄이기 위해서였어요. 또 파인 부분에 밀랍을 꽉 채워서 굳히면 인쇄 도중에 움직이지 않아 효과적이었답니다. 세심한 부분까지 생각한 우리 조상들의 지혜를 엿볼 수 있는 부분이에요.

다음 글자 가져오너라.

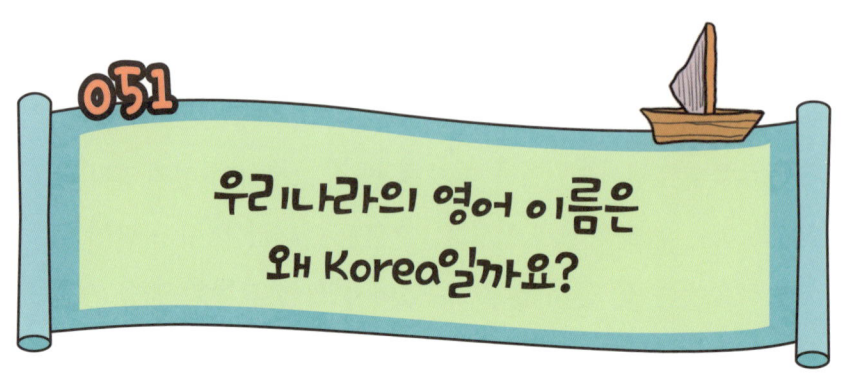

051
우리나라의 영어 이름은 왜 Korea일까요?

고려는 다른 나라들과의 교류에 굉장히 개방적인 나라였어요. 국제무역을 허용하는 항구를 벽란도에 만들어 다양한 나라의 상인과 사신, 관리들이 서로 만나 교류할 수 있게 했답니다.

고려의 수도와 가깝고 물이 깊어 큰 배도 쉽게 드나들었던 벽란도는 늘 많은 사람이 북적였어요. 벽란도에는 송나라, 요나라, 금나라, 일본에서 온 상인과 사신들뿐만 아니라 멀리 아라비아와 페르시아, 동남아 등에서 온 상인과 사신들도 있었어요. 무척 개방적인 국제무역항의 모습이었답니다.

오늘날 우리나라의 영어 이름이 'Korea'로 불리게 된 것도 이 벽란도에서 시작되었어요. 벽란도를 오가던 여러 나라의 상인들이 고려를 '코리아'로 부르며 곳곳에 널리 알렸기 때문이에요.

고려가 벽란도를 통해 가장 많이 교류했던 나라는 송나라였어요. 송나라로부터는 비단, 약재, 자기, 책 등을 많이 수입하고, 인삼, 삼베, 먹, 종이 등을 수출했답니다. 이중 고려의 종이와 먹은 그 질이 뛰어나 무척 인기가 높았어요.

한편, 흙으로 옥을 만드는 송나라의 자기 기술은 많은 사람의 이목을 끌었어요. 이 자기 기술은 후에 고려만의 독자적인 솜씨와 기술로 발전해, 독창적인 고려청자가 개발되었답니다. 고려청자의 아름다움은 송나라 사람들이 봐도 놀랄 정도였어요. "고려의 비색은 천하제일이다"라는 말이 나올 정도였지요. 조상들의 예술혼이 담긴 고려청자는 수준 높은 고려의 기술과 문화를 나타내고 있다고 할 수 있어요.

052 최무선은 어떻게 화약 만드는 법을 알아냈을까요?

축제의 밤하늘에 팡팡 터지는 화려한 불꽃들은 저절로 환호성을 불러일으키지요. 이런 아름다운 불꽃놀이를 만드는 것은 다름 아닌 '화약'이에요. 그런데 이 화약은 예전 우리나라에서는 보기 힘든 것이었어요. 고려시대에 '화약의 아버지'라 불리던 최무선이 나타나기 전까지는 말이에요.

최무선이 태어나 자라던 시기에는 화약이 생소했어요. 중국에서는 이미 널리 쓰이던 화약 기술이었지만 우리나라에서는 아직 널리 알려지지 않았답니다.

당시 사람들은 화약이 작은 불꽃놀이 장난감에 지나지 않은 것이라 생각했어요. 하지만 최무선의 생각은 달랐어요. 그는 화약이 수많은 왜구들로부터 우리 백성들을 보호하고 또 우리 군대의 힘을 길러줄 것이라 믿었어요.

최무선은 고려 최대 무역항인 벽란도를 통해 화약의 재료들을 구하려 애썼어요. 또한 화약 기술이 발달한 중국 출신의 여러 상인들을 찾아 그 기술을 익히려고도 했지요. 하지만 이는 쉽지 않았어요. 워낙 어려운 기술이었기에 알아내기가 쉽지 않았답니다. 그렇지만 최무선은 포기하지 않았어요. 중국에서 온 이원이라는 사람에게 접근하여 끊임없이 노력한 끝에 드디어 화약 기술을 익혔던 거예요.

화약 기술을 익히는 데 성공한 최무선은 화약을 만들 수 있는 기관 설립을 나라에 건의했어요. 그의 놀라운 집념은 화통도감의 탄생으로 이어졌어요. 이후 화통도감에서 만들어진 여러 화약 무기들은 놀라운 성능을 자랑하며 왜구들을 소탕하는 데 아주 큰 역할을 해냈답니다.

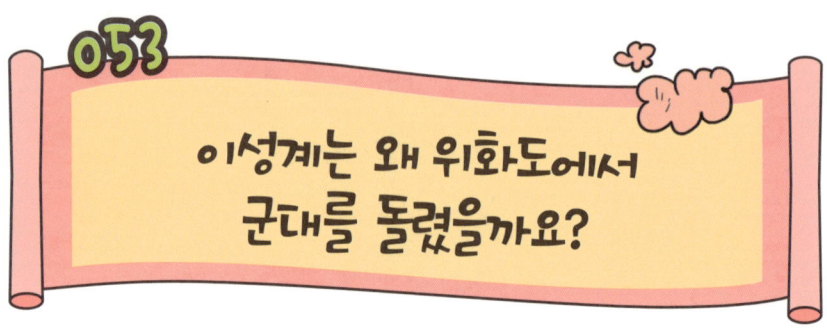

이성계는 왜 위화도에서 군대를 돌렸을까요?

원나라의 간섭이 이어지던 시기에 고려의 세자들은 원나라에서 교육을 받았어요. 그리고 원나라 공주와 결혼하고 고려의 왕에 봉해졌지요. 고려에 돌아온 왕들은 의지할 곳이 없어 자연스레 원나라에서 함께 지내던 신하들을 찾았답니다. 그로 인해 권력을 잡기 시작한 이들이 바로 권문세족이에요.

원나라의 힘을 등에 업은 이 권문세족들은 고려 사회에 많은 문제를 일으켰어요. 지나치게 많은 땅을 차지하기도 하고 죄 없는 백성들을 강제로 노비로 만들기도 했지요. 당시 고려는 수많은 외적의 침입으로 큰 혼란을 겪었어요. 중국의 홍건적과 왜구의 침입, 여진족의 반란 등으로 수많

은 백성이 목숨을 잃거나 끌려갔답니다. 고려의 공민왕은 이러한 위기를 돌파하려 노력했지만 결국 실패했어요.

　원나라가 망하고 명나라가 새로 일어나던 시기 속에서 사회 혼란, 외적 침입 등으로 상황은 무척 어두웠어요. 성리학을 공부하고 관리가 된 고려의 신진사대부는 외적을 물리치며 성장한 이성계, 최영 등 신흥 무인 세력과 손을 잡고 이런 상황을 해결하려 했어요.

　이때 명나라가 고려에 북쪽 땅을 달라는 무리한 요구를 해 왔어요. 고려의 조정에서는 이성계를 시켜 요동 지역을 공격하게 했답니다. 하지만 이성계는 작은 나라가 큰 나라를 칠 수 없고, 왜구의 공격이 일어날 수 있으며, 농번기라 군사를 동원하기 어렵고, 장마철로 전염병 위험이 있다는 4가지 이유를 들며, 왕의 명령을 어기고 압록강의 위화도에서 군대를 돌려 개경으로 돌아왔어요. 그리고 반대 세력을 몰아내고 권력을 잡았답니다.

054 조선 건국을 반대한 정몽주는 어떤 인물이었을까요?

정몽주는 고려 말 개혁을 이끌던 인물 가운데 한 명이었어요. 처음에는 정도전, 조준 등과 함께 개혁의 중심에 서던 신진 사대부였지요. 이성계와 함께 공양왕을 새로운 왕으로 세우며 개혁을 이끌었어요.

정몽주는 일찍부터 두각을 나타내던 인물이었어요. 젊은 나이에 과거에 합격해 여러 벼슬에서 뛰어난 능력을 보여준 인재였답니다. 그는 성리학에 뛰어난 학자였으며 동시에 훌륭한 외교관이기도 했어요. 명나라와 고려 사이에 문제가 생기자 외교 사신으로서 문제를 훌륭히 처리하기도 했지요. 이뿐만이 아니었어요. 여진족과 왜구를 물

내 눈에 흙이 들어가도 고려를 배신할 수 없어!

리치는 공을 세우기도 했어요. 그는 왜구의 본거지를 직접 찾아가 수백 명의 고려인 포로들을 데려오는 성과를 거두기도 했답니다.

 이렇게 뛰어난 인물이었던 정몽주는 위화도 회군 당시만 하더라도 이성계와 함께 고려를 개혁하려고 했어요. 그러나 이성계가 고려를 무너뜨리고 새로운 나라를 만들려는 야심을 보이자 정몽주가 태도를 바꾸었어요. 정몽주는 고려라는 나라는 유지하면서 개혁해야 한다고 생각했기 때문이에요. 그러다 보니 오히려 그는 기회를 엿봐 이성계 일파를 숙청할 계획을 세웠답니다.

 한편, 이성계의 아들 이방원을 비롯한 개혁파들은 고려를 무너뜨리고 조선이라는 새로운 나라를 통해 개혁을 완성하려 했어요. 그리고 이를 반대하는 정몽주를 설득하려 했지요. 하지만 설득은 실패로 끝이 나고 말았어요.

 정몽주는 결국 이방원에 의해 목숨을 잃었어요. 그가 죽은 후 얼마 있지 않아 고려는 끝내 멸망했답니다.

055 조선에서는 왜 유교가 발달했을까요?

1392년, 새롭게 조선이라는 나라가 세워졌어요. 도읍은 오늘날의 서울인 한양으로 바뀌었지요. 한양은 옛 백제의 수도이기도 했어요. 교통이 편리하고 비옥한 토지와 큰 강이 있어 농사짓기에도 안성맞춤의 지역이었어요. 이 한양은 조선이라는 새로운 역사의 시작을 상징하는 의미이기도 했어요.

불교 이념이 강했던 고려와 달리, 조선은 유교 이념이 강했어요. 유교는 공자의 가르침을 따르는 학문으로써 나라에 충성하고 부모에게 효도하는 것을 매우 중시했답니다.

조선의 왕은 유교의 이치에 맞게 나라에 충성하는 신하를 뽑는 등 유교 정치를 했어요. 그리고 백성이 나라의 근본임을 강조했지요. 왕을 비롯한 조선의 지도층은 백성들이 편안하고 각자 맡은 일을 최선을 다해 노력하기를 바랐답니다. 많은 백성이 나라에 충성하고 부모에게 효도하기를 강조했어요.

그런데 왜 조선은 '유교'를 국가의 이념으로 삼았을까요? 이는 조선을 건국한 주요 세력이 신진사대부였기 때문이에요. 신진사대부는 권문세족의 횡포 등 고려에서 있었던 많은 문제를 성리학의 시각으로 해결하려 했어요. 성리학은 유교의 한 갈래였기에, 자연스레 유교의 가르침을 국가의 이념으로 삼았던 것이랍니다.

　유교의 정치 이념은 이후 조선의 역사가 이어지는 동안 꾸준히 계속되었어요. 이는 일반 백성들의 삶에도 큰 영향을 끼쳤지요. 혼인이나 장례, 제사 등도 모두 유교의 이치에 맞게 행해지게 되었답니다. 특히 조선은 양인과 천인으로 나누어지는 신분사회였는데, 각자 맡은 바에 최선을 다하기를 바라는 유교 이념에 의해 신분 질서가 강화되었답니다.

세종은 왜 '대왕'이라고 불릴까요?

'세종대왕.'

우리가 잘 아는 이 이름에서 다른 왕들과는 다른 점을 발견할 수 있어요. 바로 '대왕'이라는 칭호예요. 왜 세종에게는 특별히 '대왕'이라는 칭호가 붙었을까요?

조선의 제4대 왕이었던 세종이 다스리던 시기에는 과학 기술, 국방, 문화 등 참 많은 분야가 발전했어요. 그중 훈민정음 창제는 세종이 이루어낸 대표적인 업적이라 할 수 있답니다. 당시 백성들 대부분은 글을 몰랐어요. 팍팍한 현실에서 어려운 한자를 익힐 여유가 없었고, 우리만의 쉬운 문자가 따로 없어 생각을 표현하기도 어려웠지요. 그래서 억울한 일을 당해도 하소연하기가 힘들었어요. 또한 나라에서 백성들에게 알리는 글을 보아도 한자를 읽지 못해 이해하지 못했지요.

　세종은 이를 가엾이 여겼어요. 그래서 백성들을 위해 우리글을 만들어야 한다고 생각했지요. 그는 집현전 학자들과 수없는 연구 끝에 혀와 입술 모양에서 과학적 원리를 찾아 훈민정음을 창제했답니다. 일부 신하가 강하게 반대했지만 그는 굴하지 않았어요. 세종은 백성들의 생활에 보탬이 되도록 《농사직설》이라는 책을 만들고 또한 장영실 같은 인재를 뽑아 혼천의, 자격루 등 다양한 과학기구를 만들어 널리 활용하게도 했어요. 또 우리만의 달력을 만들었으며, 음악을 정비하고 인쇄기술을 발전시켰답니다.

　나라의 힘을 길러 국방력을 강화하는 데도 앞장섰어요. 왜구의 근거지인 대마도를 정벌하고 북쪽의 4군 6진을 개척해 국경을 넓히기도 했답니다. 이렇게 세종이 이룬 수많은 업적 때문에 '대왕'이라는 칭호가 붙은 것이라고 할 수 있어요.

057 자동으로 시각을 알려주는 물시계를 만들었다고요?

기호 5669번 장영실입니다!

노비 신분이었지만 훌륭한 재능을 갖고 있었던 장영실은 세종 시대의 뛰어난 과학자였어요. 그의 비범한 재능을 알아본 세종대왕의 놀라운 혜안으로 과학자로 왕성하게 활동할 수 있었어요. 뒤에서 든든히 받쳐 주는 세종대왕 덕택에 장영실을 비롯한 많은 과학자가 수많은 과학 기구들을 만들어낼 수 있었답니다.

장영실이 만들어낸 과학 기구 중에는 자동으로 시각을 알려주는 물시계 '자격루'가 있었어요. 세종은 그동안 사용하던 시계가 정확하지 않아 그로 인한 피해가 적지 않다고 생각해 장영실 등에게 정확하고 세밀한 시계를 만들도록 했어요. 세종의 명에 따라 장영실은 시계 제작에 몰두했지요. 그리고 드디어 '자격

루'를 만들어 세종에게 바쳤답니다.

 자격루는 매우 정교한 원리로 작동되는 방식을 갖고 있었어요. 스스로 종을 쳐서 시각을 알려주는 기능이 있어, 2시간마다 쥐와 소 등의 십이지신의 동물 인형이 종과 북을 울려 시각을 알려주었지요. 이 알림은 광화문에서 서울 시내까지 전달되어 많은 백성이 시각을 알 수 있게 했어요. 이 자격루를 보고 세종은 다음과 같이 말했다고 해요.

 "만약 장영실이 아니었다면 누구도 만들어내지 못하였을 것이다."

 자격루는 날씨의 영향을 받지 않고 정확하게 시각을 알 수 있다는 놀라운 장점을 가지고 있었어요. 이로 인해 조선 왕조의 표준시계로서 매우 유용하게 사용되었답니다.

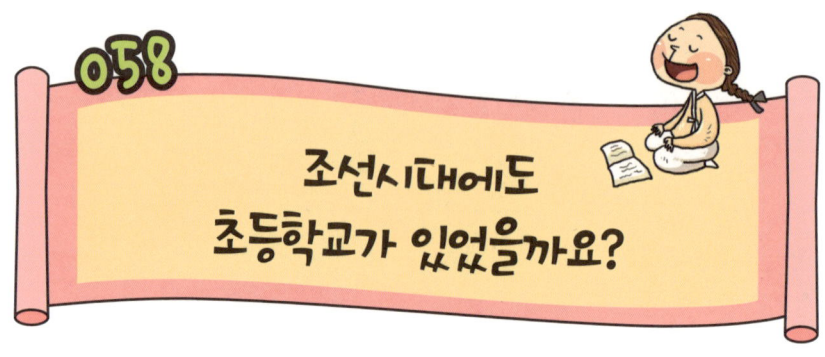

058 조선시대에도 초등학교가 있었을까요?

여러분은 김홍도의 '서당도'를 본 적이 있나요? 혼이 나 울고 있는 아이, 이를 안쓰럽게 쳐다보는 훈장님…. 이 그림을 통해 당시 학생들의 모습을 오늘날에도 만날 수 있지요. 과연 조선시대에도 오늘날의 초등학교와 비슷한 곳이 있었을까요?

조선시대도 오늘날 초등학교와 비슷한 교육기관이 있었답니다. 바로 '서당'이에요. 초등학교와 비교해 규모는 훨씬 작았지만 전국 곳곳에 자리 잡았던 어엿한 교육기관이었지요.

서당은 다른 교육기관에 비해 자유롭게 만들어지고 또 없어지는 편이었어요. 나라에서 세운 기관은 아니어서 서당과 관련된 까다로운 규정이 없었던 거예요. 그렇기에 사람들이 사는 곳에 비교적 쉽게 뿌리를 내릴 수 있었답니다.

서당은 주로 7살부터 16살까지의 학생들이 다녔는데, 남자아이들이 대부분이었어요. 여자아이들을 위한 서당도 일부 있었지만 당시에는 공부해도 관직에 나아갈 수 없었기에 그 수

가 매우 적었어요.

서당에서는 보통 《천자문》을 통해 한자의 음과 뜻을 익히는 것을 시작으로, 《명심보감》, 《격몽요결》 등 교훈적인 내용을 익혔어요. 그리고 역사책과 유학 경전을 읽으며 본격적으로 유학 공부도 하였지요.

서당에서는 훈장 선생님의 가르침 아래 비교적 엄숙한 분위기에서 공부를 이어 나갔답니다. 공부뿐만 아니라 생활 태도, 예절 등 여러 부분에서 훈장님의 가르침이 이루어졌어요.

서당은 조선시대의 교육에서 중요한 뿌리였어요. 많은 학생이 서당에서 공부를 마친 후 향교나 서원, 성균관으로 진학하여 공부를 이어 나갔답니다.

왕위를 빼앗긴 비운의 소년 왕은 누구일까요?

보통 왕의 자리는 그 아들이 잇는 경우가 많아요. 그런데 조선의 왕 중에는 아들이 아닌 숙부가 자리를 이은 경우가 있었어요. 바로 조선의 제7대 왕, 세조였어요.

아버지 문종이 일찍 세상을 떠나자 단종은 어린 나이에 왕위에 올라야 했어요. 즉위할 때 이미 할아버지, 할머니, 아버지, 어머니가 모두 세상을 떠나 없는 상황이었지요. 그의 아버지 문종은 자신이 병약해서 일찍 세상을 떠날 것을 염려하여, 죽기 전 김종서와 황보인 같은 대신들에게 단종을 지켜 달라고 당부했답니다.

하지만 오늘날 겨우 초등학교 5학년 나이인 12살의 단종이 왕의 자리를 견고히 하기에는 너무 어렸어요. 그의 자리를 위협한 이는 다름 아닌 그의 숙부, 수양대군이었어요. 권력에 야심이 있던 수양대군은 조카의 왕위를 빼앗기 위해 차근차근 준비를 했답니다. 한명회 등과 준비를 마친 그는 우선 단종의 곁을 지키던 김종서와 황보인을 제거했어요. 그들에게 누명을 씌워 모두 숙청했지요. 이후 나머지 위협 세력까지 없앤 수양대군은 왕위를 빼앗았어요. 겉으로는 왕위를 물려받는 형식이었지만 사실상 강제로 뺏은 것이나 다름없었지요.

숙부에게 왕위를 물려준 단종은 세조의 감시 아래 불안한 상황을 이어갔답니다. 그런데 이런 상황을 참지 못한 성삼문, 박팽년 등 6명의 신하가 단종을 복위시키려 비밀리에 계획을 꾸미다 탄로가 나 모두 처형당하고 말았어요. 이들을 가리켜 사육신이라고 불러요.

이들처럼 거사에 가담하지는 않았지만 벼슬살이를 거부하고 평생 단종에 대한 의리를 지킨 이들도 있었어요. 김시습, 남효온, 원호, 조려 등 이들 또 다른 6명을 생육신이라고 한답니다.

060 왜 조선은 임진왜란에 미리 대비하지 못했을까요?

오늘날 우리가 누리는 평화는 나라를 지키려고 희생했던 많은 사람의 피와 눈물을 바탕으로 얻은 거예요. 오늘날이나 옛날이나 어떤 한 나라가 다른 나라로부터의 침략을 막고 평화를 누리려면 튼튼한 힘을 가져야 해요.

하지만 1592년의 조선은 아쉽게도 그러지를 못했어요. 약 200년간 평화 시대를 보낸 조선은 다른 나라의 큰 침략이 없다 보니 나라 자체의 국방력을 기르는 것에 소홀했어요. 다른 나라에 맞서 상대할 수 있는 군사력이 많이 약화되어 있었답니다.

이에 비해 같은 시기의 일본은 전국시대를 거치며 각지의 세력들이 서로 피비린내 나는 전투를 벌이고 있었어요. 일본 열도를 통일하려는 야망으로 말이지요. 오랜 내전

끝에, 마침내 도요토미 히데요시가 일본을 통일했어요. 그는 신분은 낮았지만 본인의 역량으로 최고자리까지 올라간 인물이었답니다. 이미 여러 차례 조선과 명을 정벌하려는 야욕을 보였던 그였기에, 조선 침략은 예상되는 일이었어요.

　비록 군사력은 많이 약화되어 있었지만 그래도 일본이 위협할 것이라는 사실은 예견하고 있었던 조선은 나름대로 전쟁 준비를 해 나가고 있었어요. 문제는 정확히 예측하지 못했던 것에 있었어요. 통신사로 일본에 다녀온 황윤길과 김성일이 서로 다르게 침략 가능성을 이야기했던 것이 그 예이죠.

　도요토미 히데요시는 조선이 예상했던 규모를 훨씬 뛰어넘는 20만 대군을 이끌고 조선을 침략했어요. 일본군은 오랫동안 전쟁을 겪은 군대였기에 조선의 군대와는 차이가 컸답니다. 일본군은 순식간에 부산진과 동래성을 함락하고 한양으로 진격했어요.

061 멸망의 위기 속 나라를 구한 영웅이 있었다고요?

1592년, 조선을 침략한 일본군은 그야말로 파죽지세로 밀고 들어왔어요. 엄청난 화력으로 무장해, 탄금대에서 조선의 정예군이라고 할 수 있던 신립의 군대마저 전멸시킬 정도였지요. 일본은 선조를 포로로 잡아 짧은 시간 안에 조선을 멸망시키려 했어요. 예상보다 강력한 일본군의 전력에 당황했던 선조는 이에 한양과 백성을 버리고 북쪽으로 몽진을 했답니다.

조선의 왕을 단기간에 사로잡으려던 일본군의 계획은 선조의 몽진으로 인해 물거품이 되었어요. 그와 동시에 조선 곳곳에서는 의병이 일어나 일본군에 대항을 시작했지요. 많은 곳이 일본군에 짓밟히고 있었지만 전쟁이 길어질수록 일본군의 피해도 점점 커졌답니다. 일본군은 부족한

보급물자와 병력을 채우기 위해 바닷길을 이용해야 했어요. 만약 이때 바닷길이 수월했다면 육지에 있던 일본군은 금세 힘을 되찾았을 거예요. 하지만 이를 막아선 영웅이 조선의 이순신 장군이었어요. 이순신은 뛰어난 전술로 수많은 일본군을 바닷속으로 가라앉히며 많은 적군을 두려움에 떨게 만들었어요. 그의 연이은 승리로 육지의 일본군은 고립 위기에 빠지고 말았어요.

　육지에서 맞서 싸우던 조선군들도 힘을 냈어요. 곽재우, 조헌 등 의병장들이 활약을 이어갔고, 조선과 명의 연합군이 행주대첩 등에서 큰 승리를 거두었답니다. 전쟁은 도요토미 히데요시가 죽고 일본군이 물러갈 때까지 약 7년에 걸쳐 계속 되었어요. 끝내 침략을 막아내긴 했지만 전쟁으로 온 나라는 폐허가 되고 말았답니다.

백성들의 목숨을 살린 조선 최고의 명의는 누구일까요?

전쟁은 멈췄지만 백성들은 굶주림과 질병에 허덕여야 했어요. 이에 선조는 백성들이 질병을 보다 쉽게 치료하고 고통 속에서 벗어날 수 있는 방법은 무엇이 있을까 고민하였지요.

당시에는 중국에서 수입된 의학책들이 많았는데, 그 내용이 잘 맞지 않았어요. 중국과 우리나라는 그 풍토도 다르고 사람들의 생활 습관 또한 차이가 났기 때문이에요. 또한 자연에서 나는 약초도 중국과 우리나라는 종류와 특성이 다 달랐지요. 그렇기에 우리나라의 실정에 맞는 우리만의 의학책 편찬이 필요했어요. 선조는 당시 뛰어난 활약을 보여주던 명의들을 모아 의학책 편찬을 명하였답니다.

 그런데 일본군이 다시 쳐들어오는 정유재란이 일어났어요. 전쟁은 끝났다고 생각했는데, 다시 대규모로 일본군이 쳐들어왔던 거예요. 결국 의학책 편찬 작업은 중단되고 말았어요. 전쟁이 끝난 뒤에도 의학책을 편찬하던 이들이 뿔뿔이 흩어져 작업은 요원해지고 말았어요.

 하지만 허준은 선조의 명을 받은 이 작업에 끝까지 몰두하여 드디어 1610년, 의학책을 완성해 광해군에게 바쳤답니다. 이 책이 바로 동양 최고의 의학서적, 《동의보감》이었죠.

 동의보감은 우리나라뿐만 아니라 중국, 일본 등 동아시아 여러 나라의 의학 기술에 큰 영향을 미친 의학서예요. 동의보감은 특히 수많은 백성에게 큰 의미가 있었어요. 우리나라의 땅과 바다에서 나는 약재들을 다수 소개하고 있을 뿐만 아니라, 병에 걸리지 않도록 미리 예방하는 내용을 담았지요. 누구나 쉽게 약재를 찾을 수 있게 한글 이름도 함께 적어 놓은 훌륭한 의학 백과사전이었답니다.

063 조선의 임금은 왜 청나라의 신하가 되었을까요?

조선은 가까스로 일본의 침략을 막아냈지만 전쟁의 상처는 매우 컸어요. 명나라 역시 전쟁 이후 힘이 약해지고 농민 반란 등이 일어나 결국 멸망의 길로 접어들고 말았답니다. 이 틈을 타 새로 일어난 세력이 바로 후금이었어요. 오래전부터 조선의 영향 아래 있던 여진족이 누르하치라는 영웅을 만나 힘을 키운 나라였지요. 선조 다음으로 왕위를 이어받은 광해군은 이런 명과 후금 사이에서 중립적인 입장을 취하며 나라에 큰 피해가 없도록 했어요.

하지만 반대 세력에 의해 광해군이 왕의 자리에서 쫓겨나고, 인조가 새로운 왕이 되면서

깔깔. 이제 내 말 잘 들으라고.

조선의 정책은 갑자기 변했어요. 새로운 강국인 후금을 멀리하고 무너져 가는 명에 대한 의리를 강조했던 거예요. 이러한 정책은 후금이 조선을 침략하게 만드는 계기가 되었답니다.

전쟁의 상처가 채 아물기도 전에, 후금은 3만의 군대를 이끌고 조선을 침략했어요. 인조는 이를 막아내지 못했고, 후금의 여러 요구사항을 들어줄 수밖에 없었어요. 이후 세력이 더 커진 후금은 이름을 '청'으로 고치고 자기들의 신하가 되라며 12만 대군을 이끌고 다시 쳐들어왔답니다. 이에 인조와 신하들은 맞서 싸우자는 입장과, 화의를 맺고 훗날을 기약하자는 입장으로 나뉘어 팽팽하게 대립했어요.

싸우자는 의견으로 뭉친 조선은 청에 맞섰지만, 청군은 무척 강했어요. 결국 인조는 남한산성에서 나와 항복하고 말았답니다. 그리고 삼전도에서 청 태종에게 머리를 조아리며 신하가 되겠다며 맹세했지요. 실로 치욕적인 순간이었답니다.

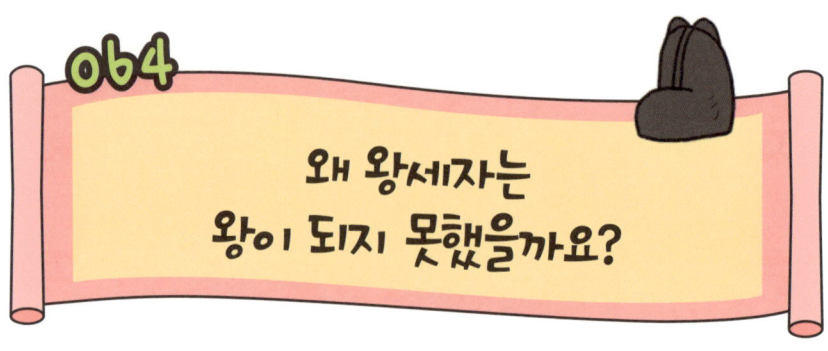

왜 왕세자는 왕이 되지 못했을까요?

청나라에 굴복한 조선의 상황은 매우 비참했어요. 많은 백성이 청나라로 끌려가 갖은 고초를 겪은 것은 물론, 왕의 아들인 소현세자와 봉림대군 역시 인질로 보내져야 했지요.

청에서의 생활을 시작하게 된 소현세자는 암담한 상황 속에서도 조선의 세자임을 잊지 않았어요. 세자이자 또 한 명의 외교관으로서 조선을 위해 노력했답니다. 공부를 게을리하지 않았으며 여러 청나라 관리와 사귀면서 조선에 필요한 중요한 정보들을 얻으려 했지요. 또한 직접 농장을

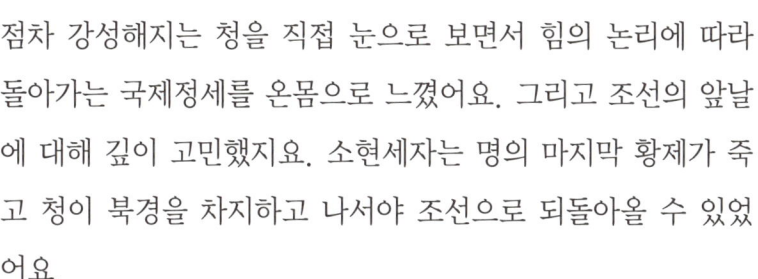

운영해 많은 이익을 내, 이를 가지고 조선인 포로들을 구출해 냈답니다. 그는 점차 강성해지는 청을 직접 눈으로 보면서 힘의 논리에 따라 돌아가는 국제정세를 온몸으로 느꼈어요. 그리고 조선의 앞날에 대해 깊이 고민했지요. 소현세자는 명의 마지막 황제가 죽고 청이 북경을 차지하고 나서야 조선으로 되돌아올 수 있었어요.

아버지 인조는 아들 소현세자의 복귀가 그리 달갑지만은 않았어요. 인조의 입장에서 소현세자는 언제든지 왕위에 앉을 수 있는 경쟁자였기 때문이에요. 당시 청나라의 신하국이 된 조선의 왕으로서는 청나라가 왕위를 아들에게 물려주라고 하면 거절할 수가 없었거든요. 청에 대한 반감이 남아 있던 인조에게 이는 매우 불쾌한 현실이었어요. 인조는 소현세자가 귀국할 때도 제대로 환영 행사를 열지 않았고, 그가 가져온 여러 청의 물건에 대해서도 불편함을 감추지 않았어요. 그러다 보니 소현세자에게도 매우 차가운 태도로 대했어요.

그래서였을까요? 귀국한 지 세 달이 채 지나기도 전에 소현세자는 의문의 죽음을 맞았답니다. 불과 34살의 젊은 나이로 세상을 떠나고 만 거예요.

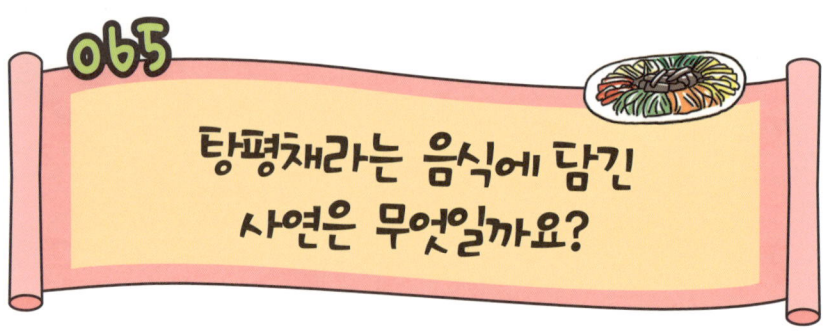

065 탕평채라는 음식에 담긴 사연은 무엇일까요?

흰 청포묵에 붉은 쇠고기볶음, 푸른 미나리, 검은색의 김 고명을 넣어 만든 묵무침. 생각만 해도 군침이 절로 도는 이 음식은 무엇일까요? 바로 탕평채라고 불리는 청포묵 요리예요. 여러 가지 색의 재료가 함께 어우러져 훌륭한 맛을 만들어내는 이 음식에는 사연이 담겨 있어요.

조선시대 영조가 다스리던 시절에 많은 신하가 붕당이라는 것을 만들어 자기와 뜻이 맞는 사람들끼리만 뭉쳐 활동했어요. 다른 의견을 가진 이들을 멀리하고 시기하기도 했지요. 이

러한 붕당 정치는 왕의 힘을 약하게 할 뿐만 아니라 나라보다 붕당의 이익을 먼저 위할 수 있었기에 매우 위험했어요.

　이를 고민하던 영조는 어느 날 신하들이 모두 모인 자리에 음식 하나를 들고 나타났어요. 검은색, 흰색, 붉은색, 푸른색 등이 함께 어울린 요리를 신하들에게 선보이며, 자신의 바람을 전달했어요. 각각의 다른 재료들이 조화를 이뤄 훌륭한 맛을 내듯, 신하들도 서로 다투지 말고 함께 힘을 합하라는 메시지였지요. 이 요리가 바로 탕평채예요. 영조의 이러한 뜻은 이후 '탕평책'으로 발전했어요. 탕평책을 통해 여러 붕당의 신하들을 골고루 등용해, 어느 한쪽으로 힘이 쏠리지 않도록 균형을 맞추어 갔지요.

　영조의 탕평책으로 조선의 정치는 안정적으로 제 모습을 갖추어가기 시작했답니다. 그 덕분에 왕권이 강화되어 원하는 정책도 펼쳐나갈 수 있었어요.

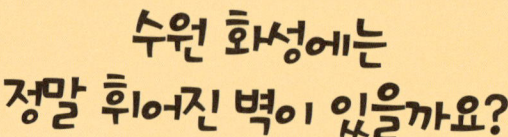

066 수원 화성에는 정말 휘어진 벽이 있을까요?

경기도 수원에 가면 시내 한복판에 멋진 성이 하나 자리 잡고 있는 것을 볼 수 있어요. 바로 수원 화성이에요. 서쪽에 팔달산을 끼고 있는 이 성은 조선의 정조가 치밀하게 계획하여 만든 우리나라 최초의 계획도시 성이랍니다.

수원 화성이 만들어지기 이전, 조선의 많은 성이 임진왜란을 겪으면서 허망하게 허물어졌어요. 그 때문에 우리 선조들은 더 튼튼한 새 성의 필요성을 느꼈지요. 수원 화성은 이러한 경험들이 모여 치밀하게 탄생한 걸작이에요.

수원 화성이 만들어진 보다 직접적인 계기는 정조의 효심에 있었어요. 정조의 아버지는 뒤주 속에 갇혀 생을 마감한 사도세자였답니다. 불운하게 숨진 아버지를 위하여, 정조는 터가 좋다고 여겨진 수원의 화산이라는 곳으로 아버지의 묘를 이장시켰어요. 그리고 그 부근의 주민들을 팔달산 아래로 이주시키면서 주민들을 위한 새로운 성을 쌓기로 했지요. 왕권을 강화하기 위한 목적으로도 필요했기에 시작하기 전부터 본격적인 계획이 세워졌어요.

  수원 화성은 약 2년에 걸친 공사 끝에 완성되었어요. 성곽의 둘레만 해도 약 6km나 될 정도로 큰 규모였답니다. 수원 화성의 건축에는 이전에 사용되지 않았던 장비들이 사용되었어요. 바로 거중기와 도르래 등이었어요. 그래서 과학적으로 튼튼하게 지어졌을 뿐만 아니라 시간과 비용도 아낄 수 있었지요.

  세계문화유산이기도 한 수원 화성은 아름답기로도 유명해요. 자연의 지형을 최대한 활용한 자연미를 뽐내고 있고, 방화수류정처럼 아름다운 경치를 바라볼 수 있는 정자도 있어요. 또 성벽이 지형을 따라 굽이굽이 이어져 벽이 휘어지는 모습을 멋스럽게 연출해내고 있답니다. 휘어진 벽의 모습은 멋진 곡선의 미가 드러나는 부분이기도 하지요.

067 조선 왕실에도 도서관이 있었을까요?

우리는 읽고 싶은 책이 있을 때 서점이나 도서관을 찾아가지요. 오늘날 도서관은 우리 주변에서 쉽게 찾아볼 수 있는 공공기관이에요. 많은 종류의 책이 있어 우리의 지식과 생각의 크기를 키워 주는 곳이라 할 수 있죠. 그런데 옛날에도 이런 도서관이 있었을까요? 조선시대에는 과연 어땠을까요?

조선시대에는 일반 백성이 이용할 수 있는 도서관은 없었지만 왕실 도서관은 있었어요. 규장각이라는 도서관으로, 이곳에서 학자들이 학문을 연구하고 나라의 정치를 의논했어요. 정조는 창덕궁 뒤편 정원에 있는 이 규장각에서 여러 학자와 나라 문제를 함께 의논했답니다. 규장각 학자들은 그

나도 글 읽는 거 좋아하는데….

의 개혁정치를 위해 열심히 일했지요.

  규장각은 정조가 즉위한 해에 만들어진 후, 왕의 글과 글씨를 보관하며 여러 책을 수집하고 편찬해내는 역할 등을 수행해 나갔어요. 정조는 이 규장각에 많은 의미를 부여했어요. 규장각의 업무를 담당하는 관원을 뽑는 데도 심혈을 기울였을 정도였지요. 규장각을 통해 학문을 발전시키고 동시에 신분을 초월한 인재를 등용하는 등 개혁 정치를 이루어 나가려고 했답니다. 실제로 신분제도에 의해 관직 진출이 막혀 있던 서얼들이 규장각 검서관이라는 직책에 임명되기도 했어요.

  규장각 관원들은 정조의 특별한 관심 속에서 많은 특권을 부여받았어요. 왕을 가까이에서 모시면서 나라를 위해 많은 일을 수행했지요. 단, 규장각 관원으로서 특혜를 받은 만큼 정해진 규정도 엄격히 따라야만 했어요.

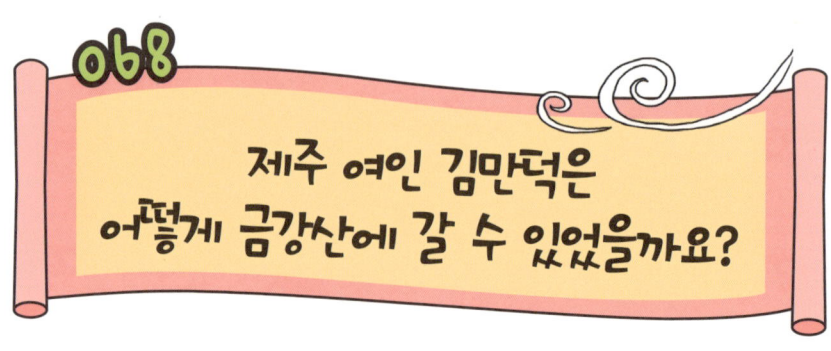

068 제주 여인 김만덕은 어떻게 금강산에 갈 수 있었을까요?

 돌, 여자, 바람이 많다고 하여 '삼다도'라고도 불리는 제주도는 예로부터 흉년에 취약한 지역이었어요. 섬이라는 지역 특성으로 인해 흉년이 발생하면 육지보다 그 피해가 컸지요.

 정조 14년인 1790년은 제주도에 아주 큰 흉년이 든 해였어요. 태풍으로 인한 피해도 겹쳐 당시 많은 백성이 굶어 죽는 끔찍한 일이 발생했지요. 그뿐만이 아니었어요. 4년 뒤에는 바람과 해수로 인해 많은 백성이 큰 피해를 보았어요. 힘든 재난이 연속해서 이어져 백성들의 삶은 피폐해졌지요.

놔라. 나까지 날아가겠어.

당시 제주도에는 김만덕이라는 여인이 있었어요. 12살 어린 나이에 부모를 모두 잃고 기생을 거쳐 중간 상인의 역할인 객주 일을 하던 인물이었어요. 그녀는 계산과 장사에 매우 능한 상인이었답니다. 제주도의 특산물인 말총과 전복, 진주 등을 육지에 팔고 양반층 부녀자들에게 장신구, 화장품, 옷감 등을 팔아 큰 이익을 얻었지요.

정조 18년의 재해는 당시 100여 년 만에 겪는 매우 큰 재난이었어요. 참혹한 고통이 백성들을 좌절하게 만들었지요. 이때 김만덕은 자신의 돈으로 육지의 곡식을 사서 제주도의 백성을 돕는 자선을 베풀었답니다. 일천 냥이라는 거금을 내놓아 배를 마련하고 육지에서 곡식을 사들였던 거예요. 이러한 그녀의 선행은 금방 한양의 조정까지 알려졌어요.

이에 정조는 고마움의 뜻으로 김만덕의 소원이었던 금강산 유람을 특별히 허락해 주었답니다. 또한 당시 여자는 함부로 대궐에 들어갈 수 없었는데도 그녀에게 한양의 대궐을 구경시켜 주기도 했어요.

내가 도와줄게~

069 다산 정약용이 바라던 세상은 무엇이었을까요?

　지금처럼 발전된 인쇄술이 없던 조선시대에 500여 권에 달하는 책을 집필한 학자가 있었다니 참 놀랍지 않나요? 이는 바로 다산 정약용의 이야기예요. 정약용은 500여 권의 책을 집필하며 실학을 집대성한 학자였어요. 그는 이러한 특징으로 2012년 유네스코 세계 기념 인물에 선정되기도 했어요.
　조선 후기는 백성들의 삶이 무척이나 곤궁할 때여서 기존의 성리학이 아무런 역할을 하지 못하고 있었어요. 많은 사람이 그런 문제점을 인식해 새로운 학문의 필요성을 느꼈지요. 정약용도 그런 사람 중 하나였어요. 그래서 백성의 생활을 더욱 더 좋게 만들고, 나라의 힘을 기를 수 있는 학문으로 실학을 연구하기 시작했답니다.
　정약용은 정조의 총애를 받아 여러 관직을 거치며 많은 분야에서 업적을 남겼어요. 직접 배다리와 거중기를 개발했으며, 여러 면에서 조선의 개혁과 실학의 발전에 앞장섰지요. 그러

나 정조가 숨을 거둔 후에는 정치적인 이유로 전남 강진에 유배를 가게 되었어요. 외롭고 고된 유배 생활이었지만 좌절하지 않고 오히려 연구와 집필활동에 매진했어요. 그는 경제, 정치, 농업 등 여러 분야에서 사람들의 생활에 도움이 될 만한 내용을 찾아 연구했답니다. 더 이상 관직에서 원하는 꿈을 실현할 수 없던 그는 책을 통해서라도 사람들에게 자신의 뜻을 알리고자 했어요.

정약용의 수많은 책 중《목민심서》는 각 고을의 관리가 지켜야 할 기본자세를 다룬 책으로, 당시 지배 계층에 대해 문제점을 지적하고 관리는 청렴, 절약하고 백성을 사랑하는 마음을 가져야 함을 강조했어요. 또한《경세유표》에서는 조선 사회 전체의 개혁을 위한 내용,《흠흠신서》에서는 법과 재판의 올바른 방향과 방법을 제시하였답니다.

070 대동여지도는 어떻게 만들어졌을까요?

오늘날에는 '디지털 영상지도'를 활용하면 집에서나 길거리 어디에서고 지도를 검색할 수 있지요. 스마트폰으로 전 세계 어디라도 위치를 쉽게 살필 수 있어요. 그런데 오늘날처럼 위성사진을 활용할 수 없던 조선시대에는 어떻게 지도를 만들었을까요?

조선시대에 만들어졌던 수많은 지도 가운데 김정호의 '대동여지도'는 특히 뛰어나다는 평가를 받고 있어요. 조선시대의 여러 지도 가운데 가장 정확하고 상세하게 만들어진 지도라 여겨지고 있답니다. 당시 조선은 임진왜란과 병자호란이라는 큰 전쟁을 겪고 난 뒤라 전국이 피폐한 상태였어요. 사람들은 실제적인 학문에 관심을 가지기 시작했고 지도를 연구하는 이들 역시 우리나라의 실제 모습을 본격적으로 연구하기 시작했어요. 그래서 직접 우리나라 곳곳을 답사하여 정리하는 작

업을 행했지요.

김정호는 대동여지도에 우리나라의 산, 강, 길 등을 자세히 표시했어요. 그리고 읽는 이로 하여금 다양한 정보를 쉽게 알게 하려고 기호로도 상세히 표현하였지요. 또 들고 다니기 쉽게 22첩의 분첩절첩식으로 만들어, 필요하면 언제든지 이어 붙여서 우리나라 전체 모습을 볼 수 있도록 했답니다.

김정호는 대동여지도를 완성하려고 많은 노력을 했어요. 가정형편이 어려워 전국 모든 곳을 직접 답사하지는 못했지만 집념의 의지로 기존의 모든 지리서와 지도를 연구했어요. 꼭 필요한 곳은 직접 답사하고, 가지 못한 곳들은 수많은 지리 연구가가 연구한 내용을 바탕으로 자료를 집대성했지요. 약 30년에 걸친 이 작업을 통해 뛰어난 우리나라 전국 지도가 탄생할 수 있었답니다.

071 옛날 사람들은 어떤 여가생활을 즐겼을까요?

 만약 우리가 한 달 내내 집 안에서 공부만 해야 한다면 어떤 생각이 들까요? 아마도 숨이 막혀 당장 공부를 그만두고 싶을 거예요. 오래 달리다 보면 잠시 쉬어야 할 때가 있는 것처럼, 예나 지금이나 사람들은 공부나 일만이 아닌, 여러 즐길 거리를 함께 누려야 원만한 삶을 살아갈 수 있지요.

 백성들의 삶이 어려웠던 조선 후기에도 마찬가지였어요. 당시 점차 신분제가 흔들리고

농업과 상공업이 발달하기 시작하면서 서민들의 의식이 차츰 깨어나기 시작했어요. 양반들의 것으로만 생각했던 즐길 거리 문화를 서민들도 누리기 시작했답니다.

서민 문화를 즐기는 사람들은 판소리, 탈놀이, 한글 소설, 풍속화 등을 즐기며 서로의 생각을 표현했어요. 못된 양반들의 재산을 빼앗아 백성들에게 나누어주고, 신분의 차별이 없는 새로운 희망의 나라를 만든다는 '홍길동전'은 당시 대표적 소설이었지요. 양반의 탈을 쓰고 양반의 무능함을 풍자하는 탈놀이, 긴 이야기를 노래로 들려주는 판소리, 사람들의 생활 모습을 자세히 담은 풍속화 등 다양한 문화가 서민들 사이에서 인기를 누렸어요.

이런 다양한 조선 후기의 문화를 통하여 더 나은 삶을 바라고 꿈꾸었던 당시 서민들의 생각을 엿볼 수 있어요. 서민들은 전쟁 시에 도망칠 궁리만 하던 지배층의 모습을 바라보며 더 이상 양반이 대단한 존재가 아니라는 생각을 했어요. 그리고 신분제에 문제가 있다고 생각했지요. 이러한 생각들은 하나로 모여 서민들 자신만의 문화로 탄생, 발전하기 시작했어요.

072

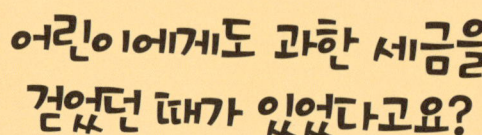

어린이에게도 과한 세금을 걷었던 때가 있었다고요?

세금은 나라의 살림살이를 제대로 꾸려나가기 위해 국민으로부터 걷는 돈을 말해요. 이 세금은 모든 국민이 당연히 내야 하는 돈이지요. 그렇다면 조선시대에도 세금이 있었을까요? 당연히 있었어요.

세금은 나라에 꼭 필요한 만큼 적정하게 걷어야 해요. 하지만 조선 후기에는 걷는 세금이 너무 많아 백성들의 고통이 증가되었답니다.

조선시대에 세금을 내는 제도로 '삼정'이라는 게 있었어요. 땅에 세금을 매기는 '전정', 군대에 가는 의무를 대신하는 '군정', 그리고 식량과 씨앗을 빌려주고 추수 뒤에 돌려받는 '환곡'이 바로 그것이었지요.

오늘 군포 내기로 한 날이잖아. 안에 있는 거 다 알아!

쾅 쾅

순조 이후, 나라는 점점 왕의 외가인 외척 세력들에 의해 좌지우지되기 시작했어요. 이른바 세도정치로 이 시기에는 관직을 사고파는 매관매직이 성행했어요. 수많은 탐관오리가 백성들의 삶을 괴롭혔고, 특히 삼정은 매우 문란했지요. 예를 들어 '군정'은 군대에 가는 대신 군포를 내는 것이었는데, 이를 15세 이하의 어린이들에게도 걷었답니다. 본래 어린이는 군대 의무가 없어 군포를 내지 않아도 되었어요. 하지만 세금을 많이 걷으려고 어린이에게도 강요했던 거예요. 또한 살기 어려워 도망친 사람이나 행방불명되어 어디 있는지 모르는 사람의 세금을 이웃이나 친척이 대신 내게 했어요. 어려운 사람에게 쌀을 빌려주고, 받을 때는 지나치게 높은 이자를 쳐서 강제로 돌려받기도 했지요.

 이러한 불합리한 제도는 백성들을 분노하게 만들었어요. 결국 참다 못한 농민들이 봉기할 수밖에 없게 만들었지요. 경남 진주에서 일어난 진주 농민 봉기가 그 대표적인 예랍니다.

4장

짙은 안개 속에서 찾은 희망의 꽃

073 흥선 대원군이 왜 나라를 다스리게 되었을까요?

조선 말기의 사회는 이루 말할 수 없이 혼란스러웠어요. 철종 시대에는 왕의 힘과 권위가 한없이 추락해 세도정치가 극에 달해 있어, 백성들은 너무 힘든 삶을 살았답니다. 철종은 나름 개혁의 뜻을 갖고 있었지만 워낙 세도가의 힘이 세다 보니 그 뜻을 이루지 못했어요. 그런 상황에서 병약한 철종이 아들도 없이 이른 나이에 세상을 떠나고 말았어요.

왕족이었던 흥선군 이하응은 철종이 승하하기 전부터 권력을 잡으려고 치밀한 계획을 세우고 있었어요. 아들이 없던 철종 후계자로 왕족인 자신의 아들을 앉히기 위해 왕실의 최고 어른이었던 신정 왕후에게 접근했답니다.

왕의 아들이 없을 때에는 왕족 중에서 가장 가까운 이를 후임 왕으로 삼아 왕위를 계승했기 때문이에요.

흥선군 이하응은 이런 준비과정 속에서 일부러 어리석은 행동이나 체면이 떨어지는 행동을 하기도 했어요. 그 이유는 강력한 세도정치를 하던 안동김씨 세력들을 방심하게 만들기 위해서였죠.

마침내 흥선군의 둘째 아들이 새 왕으로 즉위했어요. 그가 바로 조선의 제26대 고종이에요. 자기 아들이 왕이 되자 흥선군 역시 자연스레 대원군이 되었어요. 대원군이란 임금이 대를 이을 아들이 없이 죽고 왕족 중에 한 사람이 왕위를 이어받았을 때, 그 새 왕의 아버지를 말해요. 역사에서는 흔하지 않은 독특한 경우이지요. 흥선 대원군은 이후 아들인 고종의 뒤에서 조선의 정치를 이끌어 나가기 시작했답니다.

074 프랑스 국립도서관 창고에 우리 문화유산이 방치돼 있었다고요?

조선 말기는 국가적으로 큰 위기이자 기회이기도 했던 시기였어요. 세계열강들이 하나둘 조선에 얼굴을 들이밀며 개항을 요구하던 시기였지요. 당시 조선은 60년 넘게 이어진 세도정치로 인해 나라 안이 혼란스러웠고, 더구나 힘든 백성들 사이에서는 동학과 천주교가 새로운 신앙으로 널리 퍼지고 있던 상황이었어요.

그때 조선에서는 프랑스의 선교사들이 비밀리에 선교활동을 하고 있었어요. 흥선 대원군은 이들에 대해 처음에는 호의적이었지만 프랑스가 자신의 뜻에 반하자 이내 천주교 탄압으로 입장을 바꾸었어요. 그는 1866년, 9명의

어디서 많이 보던 글자인데?

 프랑스인 선교사와 8,000여 명의 천주교도를 처형했어요. 이를 '병인박해'라 불러요. 병인박해가 일어나자, 프랑스는 군함을 동원해 항의와 함께 통상을 요구하며 조선에 접근했어요. 이에 흥선 대원군은 접근해 오는 프랑스를 상대로 완강하게 맞섰어요. 잠시 물러났던 프랑스는 같은 해 다시 강화도를 침략했답니다.

 프랑스군은 조선군의 격렬한 저항에 끝내 물러날 수밖에 없었어요. 하지만 그들은 그냥 돌아가지 않고 강화도에 있던 우리의 소중한 문화유산을 약탈해 갔어요. 이 병인양요 때 그들이 뺏어 간 유산은 이후 프랑스에서 오랜 시간 잠들어 있었어요.

 그러다 1970년대에 와서야 세상의 빛을 보게 되었어요. 프랑스 국립도서관 사서로 일하던 박병선 박사가 병인양요 때 프랑스가 약탈해 간 외규장각 의궤를 국립도서관 창고에서 찾아냈던 거예요. 이 의궤는 조선의 풍습을 알 수 있는 매우 귀하고 중요한 자료였어요. 이후 박병선 박사의 공으로 대여 형식으로나마 우리나라로 돌아올 수 있었어요.

075 왜 조선은 일본과 불평등한 조약을 맺게 되었을까요?

외국과 통상하지 않겠다는 흥선 대원군의 강한 의지는 전국에 세워진 척화비를 통해서 명백히 드러났어요. 계속되는 프랑스, 미국 등 서구열강들의 통상요구를 거부하며 완강히 버텼지요. 그에 비해 일본은 비록 강제였지만 미국의 개항 요구에 문을 열어 일찍 개화했어요. 그러고는 메이지 유신을 통해 근대국가로서의 면모를 갖추기 시작했지요.

끊임없이 아시아의 다른 나라를 침략하려고 노리던 일본은 조선에 눈독을 들이기 시작했어요. 그리고 마침내 운요호라는 군함을 보내 만행을 저질렀지요. 1875년, 일본의 운요호는 허락 없이 강화도로 접근했어요. 이에 당연히 강화도의 초지진에서 수비하던 조선군은 경고 사격을 했답니다. 그러자 마치 기다렸다는 듯이 운요호는 초지진

을 향해 포격을 했어요. 대포와 무기 성능에 큰 차이가 있었던 조선군은 큰 피해를 봤어요.

　조선군을 손쉽게 제압한 일본군은 인천의 영종도에 상륙해 민가를 약탈하기까지 했어요. 이러한 만행은 점차 더 크게 이어졌어요. 수십 명이 사망한 조선군에 비해 부상자 2명이라는 작은 피해를 입은 일본군은 이를 핑계 삼아 조선을 침략하려고 했던 거예요. 미국, 영국 등 강대국의 숨은 지지를 받은 일본은 함부로 대포를 쏘아 대며 무력을 앞세워 공포 분위기를 만들어 조선과 강화도에서 조약을 맺고자 했어요.

　당시 조선은 국제정세에 매우 어두웠어요. 막강한 군사력을 가진 일본을 상대로 조선은 제대로 조약을 맺을 준비조차 안 되어 있었죠. 결국 강화도조약은 불평등하게 맺어졌고, 일본은 이후 지속해서 조선을 침탈하게 되었답니다. 그리고 강화도조약 이후 조선은 미국, 영국 등과도 불평등한 조약을 맺게 되었어요.

076 생전 처음 기차를 타보면 어떤 마음이 들까요?

강화도조약 체결 이후, 조선은 예조참의 김기수를 수신사로 일본에 파견했어요. 이전에는 조선이 통신사를 보내 일본에 많은 문물을 전해 주었다면, 이제는 수신사를 보내 일본의 근대문물을 살피고자 했지요.

1876년, 김기수를 필두로 한 수신사 일행은 부산에서 출발하여 일본 고베, 요코하마 등을 거쳐 도쿄에 도착했어요. 이들은 약 20일간 도쿄에 머물면서 일본의 근대적 제도와 문물을 견학했답니다. 김기수는 《일동기유》와 《수신사일기》를 통해 당시 다녀온 내용을 기록으로 남기기도 했어요. 그중에는 일본에서 처음 기차를 타보고 느낀 소감도 있었지요.

"역루 밖에서 복도를 따라 수십 칸을 다 지나갔는데도 차가 보이지 않는다. 기다란 집채처럼 보이는 행랑 하나가 40~50칸이나 되는 것이 길가에 있기에 도대체 차가 어디에 있냐고 물었더니 바로 이것이 차라고 한다. 안쪽에는 가죽과 털 담요 등으로 속을 꾸몄고, 걸터앉아 마주 대하니 한 방에 6~8명이 들어간다. 양편은 모두 유리로 막았는데 장식이 찬란하여 눈이 부시다. 차마다 모두 바퀴가 있어 여러 차의 바퀴가 모두 구르게 되는데 천둥 번개처럼 달리고 비바람처럼 날뛰어 한 시간에 3~4백 리를 달려도 차 안쪽은 조금도 요동하지 않는다. 앞뒤에서 번쩍번쩍하므로 도저히 걷잡을 수 없다."

당시 조선의 뛰어난 인재였던 김기수에게도 기차는 굉장히 낯선 존재였답니다. 조선으로 돌아온 김기수는 고종에게 그가 일본에서 보았던 것들을 이야기했어요. 기차, 전신 등의 근대 문물과 서양 과학에 대한 이야기를 전했지요. 고종은 이에 대해 많은 관심을 보였어요. 이후 조선에서도 서서히 철도에 대한 관심이 일어나기 시작했어요.

077 김옥균의 못다 이룬 꿈은 무엇이었을까요?

 '시대의 풍운아'로 불리는 김옥균은 어릴 적부터 총명했다고 해요. 그는 과거에 급제한 후, 여러 개혁 사상가들과 만나면서 적극적으로 개화사상을 키워나갔어요. 수신사로 일본에도 다녀왔지요. 항구를 연 이후, 많은 사람들이 조선이 나아가야 할 길에 대해 다양하게 생각했어요. 김옥균도 그중 하나였어요. 김홍집을 비롯한 이들이 발달된 다른 나라의 문화와 제도를 천천히 받아들여야 한다고 할 때, 김옥균과 그 일파는 조선이 청의 간섭에서 벗어나려면 나라 전체를 빨리 개혁해야 한다고 주장했지요.

　이들은 조선의 법과 제도를 바탕으로 하는 개화는 개화를 늦출 뿐이라고 생각했어요. 그리고 청나라에 의지하는 세력들을 전부 몰아내야 한다고 생각했지요. 그러다 당시 권력을 잡고 있던 세력으로부터 견제와 탄압을 받게 되자 위기를 느껴 애초보다 빠른 속도로 계획을 세우게 되었어요.

　김옥균과 뜻을 같이하는 이들은 실행에 앞서 일본에 군사를 빌려 달라고 도움을 요청했어요. 이에 조선에서 힘을 키우려던 일본은 군사 지원을 약속했지요. 마침내 1884년, 김옥균을 중심으로 한 그 일파는 정변을 일으켰어요. 우정총국 축하 잔치에서 반대파들을 살해하고 권력을 잡은 것이지요. 하지만 일본이 갑작스럽게 배신하고 청나라 군대가 개입하면서 삼일천하로 끝이 나고 말았어요. 이를 갑신정변이라고 불러요.

　비록 뜻한 바를 이루지는 못했지만 김옥균의 뜻은 많은 이의 마음속에 남았어요. 신분제를 없애고 부정한 관리를 처벌하며 세금제도를 개혁하자는 등 백성들을 위한 개혁 내용이 많았기 때문이에요.

동학 농민 운동의 원인이었던 조병갑의 최후는 어땠을까요?

"새야 새야, 파랑새야. 녹두밭에 앉지 마라."

이렇게 시작하는 민요를 들어본 적 있나요? 이 민요는 동학 농민 운동의 지도자였던 전봉준의 이야기를 담고 있어요.

갑신정변 이후에도 백성들의 삶은 여전히 고달팠어요. 특히 전라도 고부에서는 군수 조병갑이 불필요한 공사를 벌여 농민들을 괴롭히고, 억울한 누명을 씌어 재물을 빼앗아 원성이 자자했어요.

조병갑의 계속된 만행으로, 인내심이 바닥 난 백성들은 전봉준과 함께 의병을 일으켰어요. 그 기세가 고부를 넘어 전라도 일대까지 세력을 넓혔답니다.

이 사태에 놀란 조정에서는 이를 진압하려고 했지만 역부족이었어요. 결국 청에

하늘은 저 나쁜 놈 안 데려가고 뭐 하나 몰라.

도움을 요청했답니다. 청이 조선에 군대를 보내자 경쟁하던 일본도 조선에 군대를 보냈어요. 이렇게 외국 군대가 계속 들어오자 동학 농민군은 큰 고민에 빠졌어요. 그들은 결국 개혁안을 약속받고 자진 해산 했답니다.

　하지만 사태가 진정된 후에도 일본군은 철수하지 않고 경복궁을 점령하는 등 여러 만행을 저질렀어요. 그러고는 청일 전쟁까지 일으키며 조선의 정치에 계속 간섭했지요. 이를 보다 못한 동학 농민군은 일본군을 몰아내고자 다시 일어났어요. 그 후 공주 우금치에서 큰 전투를 벌였지만 무기와 전술에서 열세였던 농민군은 아쉽게도 참패를 당하고 말았어요.

　이 모든 것의 발단이었던 조병갑은 과연 어떻게 되었을까요? 조병갑은 농민들이 고부를 점령하자 귀양을 갔지만, 후에 다시 돌아와 재판관으로 승진했어요. 이후에 동학의 교주 최시형에게 사형을 판결하는 등 뻔뻔하고 기고만장한 모습을 보였답니다.

079 명성황후의 장례식은 왜 바로 치러지지 않았을까요?

 우리나라 땅에서 허락도 받지 않은 외국 군대가 서로 전쟁을 일으킨다면 어떤 기분이 들까요? 뭐 말도 안 되는 황당한 일이라고요? 하지만 이런 일이 조선에서는 실제로 있었어요. 바로 청일전쟁이지요.

 청일전쟁은 조선에서의 영향력을 늘리려던 일본군과, 조선에서의 영향력을 잃지 않으려던 청나라가 일으킨 전쟁이었어요. 그런데 어이없게도 두 나라의 전쟁이 우리나라 땅에서 일어난 거예요.

 청일전쟁은 일본의 승리로 끝이 났고, 청이 물러나자 일본은 기고만장해져 조선을 더욱 압박하기 시작했어요. 이에 크게 위기를 느낀 고종과 명성황후는 일본을 견제하고자 러시아 세력을 끌어들

이려 했답니다. 특히 명성황후는 적극적으로 외교 정책을 제안했지요. 일본은 자신들의 걸림돌이 되는 명성황후의 목숨을 노렸어요.

  1895년, 일본은 조선의 심장인 경복궁을 무단으로 침입해 명성황후를 시해하고는 그 시신을 불태워 버렸어요. 을미사변으로 불리는 이 끔찍한 만행은 조선에 큰 충격과 아픔을 주었답니다.

  명성황후의 허망한 죽음은 조선의 위태로운 상황을 말해주는 것이었지요. 당시 조선은 한 나라의 황후가 세상을 떠났음에도 바로 장례식조차 치르지 못했다고 해요. 명성황후 시해 사건이 일어났던 당시, 고종의 권위가 매우 약했기 때문이에요. 일본의 입김이 워낙 컸기에 장례조차 마음대로 치를 수 없었지요.

  명성황후의 장례식은 시해된 지 2년이 지나서야 겨우 치러질 수 있었어요. 1897년, 고종황제가 대한제국을 선포하고 힘을 기른 다음에야 가능했답니다. 참으로 처참했던 조선의 상황이라 할 수 있지요.

왜 고종은 경복궁을 탈출했을까요?

명성황후가 무참히 시해된 이후, 고종은 일제의 압력에 큰 두려움을 느꼈어요. 자신도 언제 명성황후처럼 죽임을 당할지 모른다는 공포감이 들었지요. 더구나 신하들조차 일본의 영향력 아래 놓여 있던 터라 의지할 곳이 없었어요. 결국 고종은 당시 조선을 놓고 일본과 줄다리기를 하던 러시아 세력에 의지하기로 결심했어요. 1896년, 러시아 공사 베베르 등의 도움을 얻어 비밀리에 경복궁을 탈출했던 거예요.

그런데 경복궁 안에 있던 고종은 어떻게 일제의 감시를 피해 러시아 공사관으로 피신할 수 있었

을까요? 고종을 자신들의 영향력 아래 두고 싶었던 일제는 고종을 철저히 감시하고 있었어요. 하지만 성인 남자의 상투를 자르라는 단발령 이후 전국에서 의병운동이 일어나자 수도를 지키던 병력까지 의병 진압을 위해 보내졌어요. 그렇게 일본군 상당수가 의병 진압에 나서게 되자, 러시아 공사관으로 피신할 기회를 얻을 수 있었던 거예요. 고종은 러시아 해군의 호위 아래, 새벽에 경복궁을 빠져나와 러시아 공사관으로 피신했어요.

 당시 러시아는 일제와 힘겨루기를 할 정도로 힘이 센 강대국이었기에 일제도 함부로 고종을 다시 데려오지 못했어요. 이후 일제는 조선에서의 영향력이 상당히 약해졌어요. 왕이 러시아 공사관에 있으니 러시아의 입김이 세질 수밖에 없었지요.

 하지만 왕이 궁을 버리고 피신하자, 나라의 자주독립이 큰 위협을 받게 되었고, 그 틈을 타 외국 세력이 나라의 많은 이권을 가져갔어요. 러시아와 일제의 충돌은 후에 러일전쟁으로까지 이어져 우리나라는 또다시 전쟁으로 피해를 보게 되었답니다.

081 전국의 의병들은 왜 힘을 하나로 모으지 못했을까요?

대한제국을 집어삼키려는 일제의 야욕은 러시아로 향했어요. 러시아라는 큰 산을 넘어야 그들이 더욱 유리해질 수 있었기 때문이에요. 러시아 역시 얼지 않는 항구를 가지려는 욕심에 대한제국을 차지하려 했기에 일제와 러시아는 한판 대결을 벌이게 되었어요. 그런데 예상과 달리 전쟁은 일제의 승리로 끝이 났답니다. 이후 일제는 더 노골적으로 대한제국을 침략했어요.

1905년, 이토 히로부미는 고종의 거부에도 을사늑약이라고 불리는 조약을 강제로 맺으면서 대한제국의 외교권을 강제로 빼앗았어요.

외교권이 일제에 강제로 넘어가면서, 전국 각지에서는 의병이 거세게 일어났어요. 일제에 의해 강제로 해산된 대한제국의 군대도 의병에 참여했지요. 의병들의 힘은 시간이 지날수록 점점 커졌어요. 이에 지도자들은 힘을 하나로 모으기 위해 13도 창의군이라는 의병 연합군을 만들었답니다. 그런데 연합군은 서울을 향해 진격하던 중에 아쉽게 일본군에 격퇴당하고 말았어요.

진군 도중 총대장 이인영이 부친상을 치르기 위해 고향으로 돌아가고, 전투에 필요한 탄약이 부족해지는 등 여러 문제가 있었기 때문이에요. 또한 신돌석이나 홍범도와 같은 평민 출신 의병장들을 제외해 모두의 힘을 하나로 뭉치지 못했던 것도 실패의 한 원인이었어요. 하지만 이때의 의병은 역사상 가장 강력했고, 최후의 국내 의병 저항운동이었다는 점에서 큰 의미가 있다고 할 수 있답니다.

태백산 호랑이로 불리던 사나이는 누구일까요?

우리나라 의병들의 활약은 정말 대단했어요. 그 중 '태백산 호랑이'로 불린 신돌석의 활약은 매우 돋보였지요. 그는 고향 영덕을 포함한 삼척, 울진 등 여러 지역에서 의병 활동을 했던 인물이에요.

신돌석은 명성황후가 시해된 을미사변 다음 해부터 의병 활동을 시작하여, 을사늑약 이후에는 의병장으로서 본격적인 항일운동에 나섰어요. 동에 번쩍, 서에 번쩍하는 신출귀몰한 전략으로 주로 일본군을 사살하거나 일제와 관련된 시설들을 파괴하며 활약했지요. 재빠른 신돌석의 공격에 일본군은 그야말로 속수무책으로 당할 수밖에 없었답니다. 이러한 신돌석의 의병부대는 스스로 일어났지만 정식 군대 못지않게 규율이 엄격하고 백성들에게 폐를 끼치지 않는 부대였어요.

거듭된 신돌석 의병부대의 활약에 일본군은 대대적인 진압 작전에 나섰어요. 일제의 공격이 계속 이어지면서 병력, 물자 부족으로 신돌석 의병부대는 점차 힘이 약해지고 말았어요. 설상가상으로 부하들의 배신까지 일어나 신돌석 장군이 숨을 거두게 되면서 그 힘이 끊기게 되었지요. 일본군의 간담을 서늘케 했던 신돌석 의병장의 활약은 많은 이의 가슴속에 깊이 남게 되었어요.

전국 곳곳에서 항일운동에 참여했던 의병들은 이밖에도 참 많았어요. 여성도 큰 활약을 펼쳤는데, 그중 윤희순이라는 여성 의병은 여덟 편의 의병가를 만들어 모두가 단결해 일제에 저항할 수 있도록 도왔어요. 그녀는 독립운동에 필요한 군자금을 모금해 독립운동 양성 기관을 세우는 등 다양한 방면에서 노력했답니다.

083 을사 5적은 도대체 누구일까요?

을사늑약 이후, 대한제국은 마치 존재하지 않는 듯 유명무실한 나라가 되어버렸어요. 실제로도 을사늑약 5년 뒤인 1910년, 대한제국은 역사에서 영원히 사라지고 말았지요.

사실 이 을사늑약은 제대로 이루어진 조약이 아니었어요. 무력을 앞세워 강제로 진행했던 점, 정식 명칭이 없었던 점, 무엇보다 고종의 서명과 도장이 찍히지 않았던 점 등 정상적인 나라 간의 조약이라 하기에는 부족한 것들이 너무 많았어요.

그런데도 이 을사늑약이 당시에 이루어졌던 것은, 이를 도운 이들이 존재했기 때문이에요. 당시 이토 히로부미는 일본군 사령관인 하세가와의 호위를 받으면서 어전회의에 들어왔어

난 허락하지 않아!

요. 이곳에서 이토 히로부미는 대한제국의 대신들에게 조약에 찬성하도록 강압적으로 압박했어요. 그런데 무조건 거부해야 함에도 불구하고, 5명의 대신이 내용을 약간 수정한 후 조약에 최종 찬성하고 서명했어요. 고종이 없는 자리에서 말이에요. 오직 참정대신 한규설만이 조약에 끝까지 반대하였지요. 이들 5명의 이름은 박제순, 이완용, 이근택, 이지용, 권중현이에요. 조국을 일제에 팔아넘긴 매국노이지요.

을사늑약이 강제 체결되자 당시 황성신문에는 가슴 시린 한이 담긴 '시일야방성대곡'이라는 논설이 실렸어요. 이 논설에는 다음과 같은 내용이 실렸답니다.

"아! 원통한지고. 아! 분한지고. 우리 2천만 동포여. 노예 된 동포여. 살았는가, 죽었는가? 단군 이래 4천 년 국민정신이 하룻밤 사이에 홀연 망하고 말 것인가. 원통하고 원통하다. 동포여! 동포여!"

084 헤이그 특사는 왜 회의장에 들어가지도 못했을까요?

1905년에 비극적인 을사늑약이 이루어지고, 우리 민족의 운명은 바다 한가운데서 태풍을 만난 듯 매우 위태로워졌어요. 고종은 일본의 보호국으로 전락하게 만든 을사늑약의 부당함을 세계에 알리기 위해 여러 방법을 찾았지요. 그러던 중, 네덜란드의 헤이그에서 만국평화회의가 열린다는 소식을 듣고 그곳에 특사를 보내기로 결정했어요.

특사들을 통해 세계 여러 나라에 대한제국의 위기를 알리려 한 것이지요. 고종은 은밀하게 특사로 보낼 뛰어난 인물

너님들 출입 금지요.

세 사람을 골랐어요. 의정부 참찬으로서 을사늑약의 실상을 직접 목격했던 이상설, 국제법에 능통했던 이준, 그리고 영어, 프랑스어 등 7개 국어에 능통했던 이위종, 이 세 사람이었지요. 이들은 고종의 친서를 들고 네덜란드 헤이그로 향했답니다.

  네덜란드 헤이그에 도착한 이들은 만국평화회의장에 대한제국 특사 자격으로 입장하려 했지만 어처구니없게도 입장이 거부되었어요. 이들의 도착을 알아차린 일제의 방해와 세계 각국의 방관으로 정식으로 회의장에 들어가지도 못한 거예요. 이상설, 이준, 이위종은 분개하여 의장인 러시아 넬리도프 백작에게까지 찾아갔지만 회의장 입장은 어려웠어요. 그들은 할 수 없이 계획을 바꿔 윌리엄 스테드를 비롯한 각국의 기자들에게 을사늑약의 부당함과 일제의 만행을 호소했지요.

  하지만 기자들과는 달리 영국, 프랑스 등을 비롯한 강대국들은 우리 소리에 귀를 기울이지 않았어요. 당시는 제국주의 시대였기에 일제의 힘을 주목할 뿐이었지요. 결국 헤이그 특사 파견은 아쉽게 실패로 끝이 났답니다.

만국평화회의

미국인 스티븐스는 왜 그날 저격당했을까요?

을사늑약 이전에 일제는 세계 여러 강대국과 비밀 협약을 맺었어요. 1905년 7월, 당시 일본의 수상 가쓰라는 미국의 태프트 육군 장관과 만나 한반도에 대한 일본의 지배권과 필리핀에 대한 미국의 지배권을 서로 인정하는 비밀협약을 맺었답니다. 이뿐만 아니라 또 다른 강대국이었던 영국과도 동맹을 맺어 간섭하지 못하게 했고, 러시아와도 조약을 맺어 한반도에 대한 지배권을 명확히 했어요.

한편, 일제는 그들의 앞잡이로서 미국의 외교관이었던 스티븐스라는 인물을 대한제국의 외교 고문으로 활동하게 했어요. 이 스티븐스는 1908년에 조선을 떠나 미

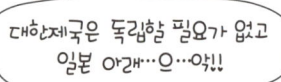

국 샌프란시스코에 도착했답니다. 일본이 한국을 지배하는 것은 당연하다는 것을 주장하기 위해서였지요. 그는 도착하자마자 일제의 침략을 미화하는 망언을 일삼고, 대한제국이 독립할 자격이 없다는 말까지 내뱉었어요. 이런 스티븐스의 발언에 격분한 우리나라 교포들은 그에게 강력하게 따졌어요. 하지만 그는 오히려 이토 히로부미 같은 이가 있어 조선인들은 행복한 것이라며 사과를 거부했어요.

우리 교포들은 분노했어요. 그들 가운데 전명운 의사와 장인환 의사가 있었지요. 1908년 3월 23일, 샌프란시스코를 떠나려는 스티븐스를 향해 전명운 의사가 저격을 시도했어요. 하지만 사살에 실패하고 격투를 하는 도중, 장인환 의사가 총을 쏴 스티븐스의 목숨을 빼앗았어요.

이후 재판에서 전명운 의사는 그의 애국심에 감복한 재판관에 의해 무죄를 판결 받았어요. 그리고 장인환 의사는 감형을 받았지요. 두 독립운동가는 이후에도 나라를 위한 삶을 이어갔어요. 하지만 최후는 외롭고 비참했다고 하니 너무나 안타까울 뿐이랍니다.

086 안중근 의사의 네 번째 손가락은 왜 짧을까요?

일제에 항거한 독립운동가를 떠올리라고 하면 가장 먼저 떠오르는 인물 중 하나가 바로 안중근 의사일 거예요. 안중근 의사는 김구, 유관순 등과 더불어 우리 역사에서 아주 중요한 위치에 있어요. 일제의 침략야욕에 맞서 싸우던 그는 우리나라를 지키기 위해 먼저 학교 교육을 통한 계몽운동을 벌였어요. 나라를 지키려면 무엇보다 국민들의 생각이 깨어 있어야 한다고 생각했던 거예요. 그러던 중, 고종이 일제에 의해 강제로 물러나게 되는 사건이 발생했어요. 더는 교육만으로 일제를 이길 수 없다고 판단한 그는 의병을 일으켰어요.

하지만 일제의 탄압으로 국내에서의 활동이 어렵게 되자 북간도를 거쳐 연해주로 망명하여 항일운동을 계속 이어갔어요. 그의 고된 항일운동에는 무기, 식량 등의 많은 경제적인 어려움이 따랐답니다. 이때 안중근을 도운 이가 바로 연해주 독립운동의 대부 최재형 선생이었어요. 어려서 러시아에 홀로 정

착한 선생은 막대한 부를 쌓았고, 그 부를 자신의 개인적인 평안함에 쓰지 않고, 나라를 위해 헌신했던 인물이에요. 그는 안중근을 비롯한 많은 독립운동가의 항일운동을 적극 지원하였답니다.

안중근은 우리나라의 위기를 알리고 항일운동의 효과를 얻기 위해서는 침략의 선봉장이었던 이토 히로부미와 그 무리를 없애야 한다고 생각했어요. 그 의지를 보이기 위해 그는 동지들과 함께 왼손의 넷째 손가락을 끊고, 그 피로 함께 결의를 맹세했어요. 이것이 그의 네 번째 손가락이 짧은 이유랍니다.

1909년 10월 26일, 만주 하얼빈에 도착한 이토 히로부미를 안중근 의사는 3발의 총탄을 쏴 쓰러뜨렸어요. 그의 이 의거는 일제의 침략에 대한 우리 민족의 굳센 저항 의지를 보여주는 쾌거였답니다.

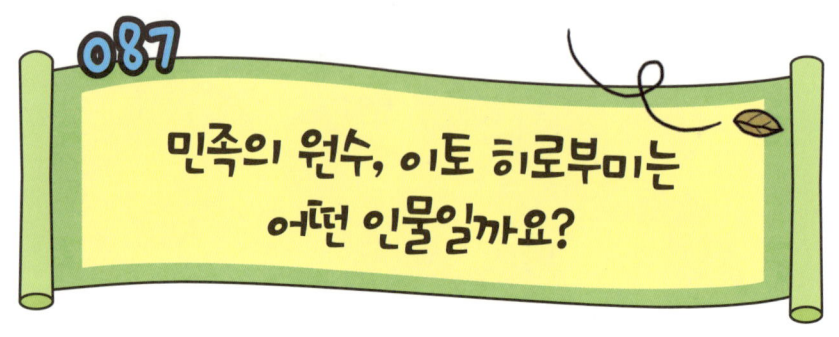

087 민족의 원수, 이토 히로부미는 어떤 인물일까요?

안중근 의사가 목숨을 바쳐 처단한 '이토 히로부미'는 아마 한국인이라면 매우 익숙한 이름일 거예요. 조선 침략의 원흉으로 불리는 이토 히로부미, 그는 어떤 인물이었을까요?

이토 히로부미가 태어난 곳은 일본의 조슈번이라는 곳이에요. 이곳은 조선을 정벌하자는 과격한 사상을 가진 이들이 많았던 곳이에요. 이토 히로부미는 본래 낮은 신분이었지만 이곳에서 근대 개화사상을 배우고, 영국 유학 등을 거쳐 줄곧 출세가도를 달렸어요. 그는 일본의 근대화 과정에서 많은 공을 세우고 일본의 초대 총리까지 되었지요.

을사늑약이 이루어지기 전, 이토 히로부미는 우리나라의 부산에 도착해 서울로 향했어요. 그때 놀랍게도 많은 백성이 거리에 나와 이토 히로부미를 환영했다고 해요. 이토 히로부미는 우리 민족의 원수인데 왜 환영했을까요?

당시 일본 내에서는 대한제국을 하루라도 빨리 그들의 영토로 만들어야 한다는 목소리가 높았는데, 이토 히로부미가 이를 반대하는 동양 평화를 주장하는 인물로 잘못 전해졌던 거예요. 물론 이토 히로부미는 절대로 평화주의자가 아니었지요. 그는 우리 민족의 반발을 두려워해 대한제국을 즉각 멸망시키기보다는, 차츰차츰 합병하려는 계획을 세웠던 거예요. 그가 일본인에게는 영웅이겠지만, 우리에게는 침략의 원흉인 이유랍니다.

을사년인 1905년에 을사늑약이 일어난 후에, 매우 쓸쓸하고 흐린 상태를 뜻하는 '을씨년스럽다'의 표현이 전해질만큼 을사늑약은 우리 민족에게는 통탄할 사건이었답니다.

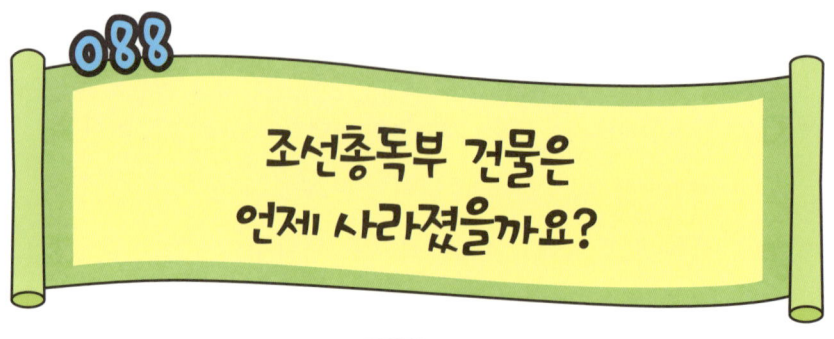

조선총독부 건물은 언제 사라졌을까요?

　1910년은 우리 민족의 역사에서 견디기 힘든 치욕이 일어난 해예요. 일제에 의해 나라가 통째로 그들의 손아귀에 넘어간 경술국치가 일어난 해이지요. 일제가 우리나라를 지배하게 되면서, 사람들은 우리말, 우리 옷, 우리 예절 등 우리의 자유를 빼앗기고 모두 일제의 감시를 받게 되었어요. 이토 히로부미가 초대 통감으로 있던 조선통감부에서 발전한 조선총독부의 지배를 받기 시작했죠.

    그런데 일제가 식민지 조선을 관리하기 위하여 만든 행정기관이 있던 건물이 경복궁 안에 있었다는 사실을 아시나요? 당시 많은 인력과 돈을 투입해 호화롭게 지어진 조선총독부 건물은 일제가 패망한 1945년까지 사용되었어요.

    조선총독부 건물이 경복궁 자리에 들어선 데는 잔혹한 이유가 있어요. 당시 일제는 우리 민족의 정신을 짓밟고 억압하기 위한 상징으로서 총독부 건물을 세울 장소를 찾았어요. 그렇게 경복궁에 있던 수많은 건물들을 헐어버린 후, 그 자리에 조선총독부 건물을 세웠어요. 그리고 시야에 방해가 된다는 이유로 광화문을 다른 곳으로 옮겨버리기까지 했어요.

    조선 왕실의 상징이라고도 볼 수 있는 경복궁 안에 조선총독부가 자리 잡고 있는 모습은 일제강점기의 잔재이자 우리 민족의 고통스러운 기억이었어요.

    건물은 광복 이후에도 오랜 시간 미군정청, 중앙청, 국립중앙박물관 등으로 쓰였다가 1995년에 와서야 철거되었어요. 일제의 잔재를 청산하고자 정부에 의해 헐려 역사의 뒤안길로 사라졌답니다.

089 나라를 빼앗긴 사람들은 어떤 마음이었을까요?

경복궁 근정전에 흰색과 빨간색으로 이루어진 일장기가 걸리자, 많은 백성이 비참함에 눈물을 흘렸어요. 대한제국을 병합한 일제는 군대의 경찰 격인 헌병을 앞세워 조선인들을 노예 부리듯이 억압하고 감시하기 시작했지요.

한 나라가 멸망한다는 것은 나라의 주인인 국민들도 모두 그 자격을 잃음을 의미했어요. 나라가 없어지자 우리나라 사람들이 가졌던 수많은 권리가 모두 연기처럼 사라지고 말았어요.

가족을 먹여 살리기 위해 농사를 짓던 땅도 마찬가지였지요. 조선총독부는 조선인이 가진 땅을 총독부의 손아귀에 넣기 위하여 대규모 토지 조사 사업을 벌였어요. 각자가 가진 땅을 총독부에 신고하여 허가를 받도록 한 거예요. 그런데 여기에는 검은 속내가 있었어요. 과정을 일부러 너무 까다롭게 하고, 신고할 수 있는 기간도 매우 짧게

해서 제대로 신고할 수 없도록 계획을 세운 거예요. 무엇보다 이 토지 조사 사업 자체를 잘 안내하지 않아 많은 조선인이 이를 모르고 있었죠.

이렇게 되자, 조선인들이 갖고 있던 많은 땅이 일제 조선총독부의 소유로 넘어가게 되었어요. 그리고 이 땅은 다시 일본인들에게 헐값에 넘어갔지요. 조선인 대다수가 하루아침에 땅을 잃고 일본인에게 땅을 빌려 농사를 짓는 신세가 되고 말았어요.

엄청난 좌절과 분노를 느꼈지만 당시 조선인들에게는 아무 힘이 없었어요. 나라가 망했기 때문에 고통을 그저 견뎌낼 수밖에 없었던 거예요. 이러한 일제의 탄압과 수탈은 36년간의 일제강점기 동안 이어졌어요. 민족의 고난이 시작되었던 거예요.

3·1운동 이전에도 독립선언이 이루어졌다고요?

"모든 민족은 그들의 운명을 스스로 결정할 권리가 있다."

여러분은 이 말에 대해 어떻게 생각하나요? 이 말은 1918년 미국의 윌슨 대통령이 했던 말이에요. 어찌 보면 너무나 당연한 말이지요. 하지만 당시에는 한 민족이 다른 민족에게 지배를 받는 일들이 전 세계에서 많이 일어나고 있었어요. 우리나라도 마찬가지였지요.

윌슨의 민족자결주의 원칙은 식민지 지배를 받던 우리에게 희망의 메시지로 다가왔어요. 그 원칙을 우리에게도 적용하여야 한다는 목소리가 점차 커지기 시작했지요. 특히 일본에 유학 중이었던 조선인 학생들은 이런 생각을 구체적인 행동으로 옮기려고 했어요.

1919년 2월 8일, 학생들은 일본 도쿄에서 한국의 독립을 요구하는 선언서와 결의문을 선포했어요. 많은 사람이 체포되고 결국 해산되었지만 그날의 뜻은 얼마 뒤, 우리 민족의 가장 큰 독립운동인 3·1운동으로 이어졌어요.

 민족자결주의에 따라 제1차 세계대전에서 진 나라들의 식민지들이 차례로 독립하는 상황에서, 우리 민족 대표들도 독립을 위해 3·1운동을 계획했어요. 그리고 1919년 3월 1일, 드디어 서울에서 대한의 독립을 선언하는 독립선언식을 열었지요. 온 국민이 탑골공원에 모여 만세 시위를 시작했어요. 이후 만세 시위는 전국적으로 퍼져 나갔고, 민족이 하나의 뜻이 되어 '대한 독립 만세'를 외쳤지요.

 제1차 세계대전의 승전국인 일제에 의해 비록 무자비하게 진압당했지만, 우리 민족의 독립에 대한 열망을 가득 담은 이 3·1운동은 후에 대한민국 임시정부가 만들어지는 결정적인 계기가 되었답니다.

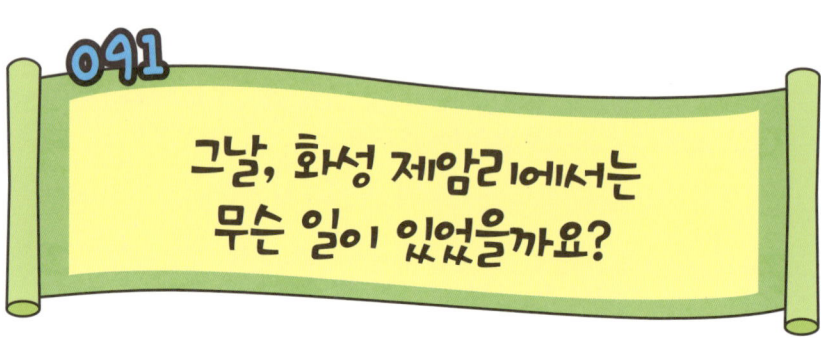

091 그날, 화성 제암리에서는 무슨 일이 있었을까요?

 3·1운동으로 불붙은 우리 민족의 독립 만세 시위는 전국적으로 퍼져 나갔어요. 하지만 우리 민족의 뜨거운 독립운동에 대해 일제는 강경한 탄압으로 맞섰어요. 많은 사람을 잡아가 고문하고 학살했죠. 그런데 이렇게 만행을 당하면서도 독립을 외치는 우리를 세계의 강대국들은 외면했어요. 당시 일본은 제1차 세계대전의 승전국이었기 때문이에요.

 일제의 만행을 보여주는 대표적인 사건이 바로 경기

화성 제암리 학살사건이에요. 일제는 만세 시위에 대한 보복을 감행하기 위해 화성 제암리에 일본 육군 부대를 보냈어요. 그리고 겉으로는 무자비한 진압에 대해 사과한다며 마을 사람들을 제암리 교회당에 모이게 했지요. 아리타 도시오 일본 육군 중위의 새빨간 거짓말에 속아 교회당에 모인 주민들은 그들의 사과를 듣기 위해 기다렸어요. 하지만 그들을 기다리고 있던 것은 끔찍한 만행이었어요.

일본 군인들은 출입문과 창문을 모두 잠그고 교회당을 향해 집중사격을 하며 불을 질렀어요. 갑작스러운 공격에 주민들은 피를 흘리며 쓰러졌고, 탈출을 시도하는 사람에게는 발포하거나 찔러 죽였어요. 한 부인이 안고 있던 아기라도 살리려 창밖으로 내놓자, 그 아이마저 처참히 살해하고 말았지요.

많은 이들이 끔찍하게 살해된 이 사건은 스코필드라는 선교사를 통해 세상에 알려졌어요. 일제의 무자비함이 생생히 드러나는 끔찍한 만행이었답니다.

092
윤봉길 의사가 던진 건 도시락 폭탄이 아니었다고요?

받아랏!

1908년에 태어난 윤봉길은 어려서부터 애국심이 강했어요. 그는 23살이 되던 해에 만주로 떠나며 이런 편지를 남겼다고 해요.

"장부가 집을 나가 살아서 돌아오지 않겠다."

그 후 대한민국임시정부의 김구를 만나면서 독립운동에 대한 강인한 의지를 더 구체적으로 다졌지요.

당시 일제는 정복야욕으로 중국과도 전쟁을 하고 있던 터라, 상하이는 전쟁이 이루어지던 중심 무대였답니다. 1932년, 일제는 전투에서 승리한 것을 기념하며 상하이의 홍커우 공원에서 기념행사를 계획했어요. 이 행사에는 당시 일본군의 시라카와 사령관을 비롯하여 많은 중요 인물이 참석할 예정이었지요. 윤봉길 의사는 이런 정보를 미리 얻고 김구 등과 함께 폭탄 투척을 준비했어요.

그런데 이 의거가 있기 전, 도쿄에서 이봉창 의사가 수류탄을 던져 일본 왕을 살해하려다 실패하는 일이 일어났어요. 때문에 일제는 모든 행사장에 물통과 도시락만 허용했지요. 이에 윤봉길 의사는 도시락과 물통 모양의 폭탄을 준비했답니다.

때를 기다리던 윤봉길 의사는 기미가요가 울려 퍼지자 물통 모양의 폭탄을 힘차게 던졌어요. 폭탄이 터지고 시라카와 사령관을 비롯한 많은 주요 일본군 인사가 죽거나 다쳤지요. 윤봉길 의사는 남은 도시락 폭탄으로 자결하려 했지만 폭탄이 터지지 않아 일본군에 붙잡히고 말았어요.

이 의거의 성공으로 조선의 독립 의지는 더욱 널리 알려졌고, 당시 중국의 통치자였던 장제스가 우리의 독립운동을 적극적으로 지원하는 계기가 되었답니다.

093 독립군은 어떻게 봉오동 전투에서 이길 수 있었을까요?

우리나라의 독립을 위한 무장 투쟁은 만주 지역에서도 이어지고 있었어요. 많은 독립군이 맹활약을 펼치며 일본군들을 지속해서 괴롭혔지요. 일제는 독립군들을 소탕하기 위해 대대적인 작전을 준비했어요. 이에 맞서는 홍범도 장군의 독립군 연합부대 역시 전투 준비에 돌입했답니다.

1920년, 일본군은 독립군 연합부대가 있던 봉오동을 공격했어요. 이 지역은 홍범도 장군이 지형을 잘 알고 있던 곳이었어요. 장군은 지형의 유리함을 이용하기로 마음먹고, 봉오동의 산지에 병력을 잘 보이지 않게 매복시

켰답니다. 그러고는 일본군이 들어오기를 기다렸지요.

 야스카와 지로가 이끄는 일본군은 기세등등하게 봉오동에 들어왔어요. 독립군의 전력을 무시하고 쉽게 이길 수 있다 생각해 공격의 고삐를 당겼지요. 하지만 기다리던 홍범도 장군의 군대는 보란 듯이 공격을 퍼붓기 시작했어요. 갑작스러운 독립군의 등장에 일본군은 큰 혼란에 빠지고 말았어요. 그들은 독립군의 공격에 맞서기도 했지만, 결국 삼면에서 포위되어 궤멸당하고 말았답니다. 독립군의 엄청난 성과였어요.

 이 전투는 만주 지역에서 일어난 독립군과 일본군 간의 최초의 대규모 전투였어요. 그야말로 목말랐던 큰 승리였기에 봉오동 전투의 성과는 독립운동을 하던 많은 이에게 빠르게 전해졌답니다. 무기나 병력 등에서 일본군에 비해 많이 불리한 독립군도 전략을 잘 세우면 충분히 일본군을 이길 수 있다는 자신감을 북돋아 주었지요.

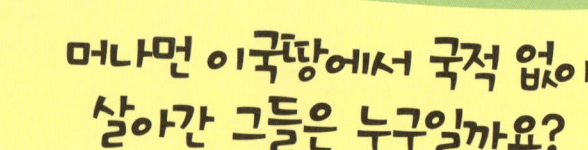

094 머나먼 이국땅에서 국적 없이 살아간 그들은 누구일까요?

러시아 동쪽, 북태평양에 있는 사할린섬에는 고향을 그리는 '망향의 탑'이라는 것이 서 있어요. 이 섬은 우리나라로부터 꽤 먼 곳이지요. 그런데 이 사할린에 한인들이 약 3만여 명이나 거주하고 있다고 해요. 우리나라가 고향인 한인들이 그 먼 사할린섬에서 어쩌다 살게 되었을까요?

일제강점기 시절, 일제는 사할린섬 남부를 지배하고 있었어요. 이들은 이곳에서 석탄 등의 자원을 캐는 탄광, 전쟁에 필요한 무기를 만드는 군수공장 등을 운영했지요. 그런데 전쟁이 벌어지며 일할 사람이 부족해지자, 한반도에 있던 우리나라 사람들을 강제로 사할린섬으로 데려갔어요. 수많은 조선인을 거짓으로 꾀거나 본인들의 의사와 상관없이 강제로 이주시킨 거예요.

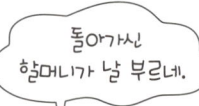

삭막한 사할린섬에 끌려간 이들은 일제에 의해 탄광과 군수공장 등에서 노예처럼 생활하며 갖은 고생을 했어요. 끼니도 제대로 챙겨 먹지 못하고, 매질과 학대를 당하며 지옥과 같은 고통을 겪었지요.

1945년, 드디어 일제가 패망하고 나라를 되찾는 순간이 왔지만 사할린의 비극은 끝나지 못했어요. 사할린에 있던 일본인들이 일본 본토로 귀환하면서 한인들을 버리고 간 거예요.

낯선 땅에서 말도 통하지 않던 수많은 한인은 그대로 사할린섬에 남게 되었어요. 그리고 슬프게도 광복 후 혼란스러웠던 한국의 상황과 그들을 향한 무관심 등으로 오랫동안 잊혔지요.

사할린의 한인 대부분은 국적 없이 오직 고향만을 그리며 살아갈 수밖에 없었어요. 이들의 아픔은 이후 여러 사람의 노력으로 점차 세상에 알려지게 되었지만, 아직도 여전히 큰 관심이 필요한 상황이랍니다.

095 대한민국임시정부에도 대통령이 있었을까요?

헌법은 법 가운데서도 가장 으뜸인 법이에요. 우리나라 헌법에는 다음과 같은 내용이 나와 있지요.

대한민국임시정부를 계승한다.

이는 대한민국임시정부가 그만큼 우리 역사에서 중요함을 의미해요. 대한민국임시정부는 3·1운동 이후, 조직적인 독립운동을 위해 만들어졌어요. 중국 상하이에서 처음 조직되어 1945년 8월 15일, 광복하는 순간까지 독립운동의 중심 역할을 했답니다.

임시정부는 한반도가 일제에 의해 핍박받는 상황에서 해외에서 활동할 수밖에 없었어요. 일제의 지속된 압박을 피해 상하이, 항저우, 창사, 광저우, 충칭 등으로 옮겨가며 독립운동을 이끌었어요.

공채를 발행하거나 국민들의 성금 등으로 어렵게 활동을 이어 간 대한민국임시정부가 독립을 위해 행했던 수많은 노력은

이게 헌법이란 거야.

다 표현할 수 없을 정도예요. 독립군 지원, 의열단 투쟁 등의 군사 활동을 이어 가며 무력 항쟁을 이끈 것 외에도 독립을 위해 끊임없이 외교활동을 펼쳤어요. 1919년 파리 강화회의에 김규식을 파견한 것을 시작으로, 미국과 중국 등을 상대로 꾸준히 외교활동을 했답니다.

대한민국임시정부를 이끌어간 이들은 정부의 조직을 튼튼하게 만들고자 했어요. 헌법을 만들어 토대를 닦았으며, 1919년 대통령 중심의 정부를 조직했어요. 입법부, 행정부, 사법부를 고루 갖추고 연통제, 교통국 등의 제도와 기구도 만들었지요. 조직의 형태는 이후 바뀌었지만, 1944년, 김구가 주석으로 임명되면서 독립운동에 박차를 가했지요.

일제의 보복과 감시에도 굳건했던 임시정부는 한국광복군을 만들어 일본과의 전쟁도 준비했어요. 이 임시정부의 정신은 광복 후에도 우리나라 헌법의 바탕으로서 오늘날까지 이어지고 있답니다.

제1조
① 대한민국은 민주공화국이다.
② 대한민국의 주권은 국민에게 있고 모든 권력은 국민으로부터 나온다.

국민학교에서 초등학교로 이름이 바뀐 까닭은 무엇일까요?

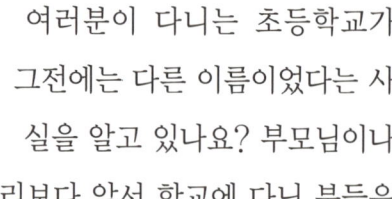

여러분이 다니는 초등학교가 그전에는 다른 이름이었다는 사실을 알고 있나요? 부모님이나 우리보다 앞서 학교에 다닌 분들은 아마 '국민학교'라는 이름을 들어봤을 거예요. 예전에는 초등학교 대신 '국민학교'라는 명칭을 사용했기 때문이에요.

국민학교라는 이름은 일제강점기에 시작되었어요. 일제강점기는 36년이라는 긴 시간 동안 지속되었지요. 10년이면 강산이 바뀌는 시간이라고 하는데, 36년은 강산이 세 번이나 바뀌고도 남을 만큼 긴 시간이었어요. 기간이 길게 이어지면서 일제는 조선인들을 점점 핍박하며 괴롭혔어요. 특히 1937년, 중국과 전쟁을 시

작한 이후에는 더 많은 조선인을 전쟁터에 끌고 갔답니다.

 전쟁이 길어지자 전력이 부족해진 일제는 쉽게 징용하기 위해 우리 민족의 정체성을 없애려고 했어요. 1939년에는 우리 민족의 성과 이름을 일본식으로 바꾸도록 강요했지요. 이름을 일본식으로 바꾸지 않으면 학교도 다니지 못하게 하고, 직장도 구하지 못하게 불이익을 주었답니다. 게다가 일본의 신을 기리는 신사를 강제로 참배하게 했어요. 우리 민족의 정신을 짓밟으려 한 것이지요. 1941년에는 '국민학교령'을 내려 모든 이가 국민학교에서 함께 교육을 받아 일제에 충성하게끔 의도했어요.

 광복 후 일제의 잔재를 청산하기 위해서 국민학교라는 이름을 바꾸어야 한다는 목소리가 많았어요. 하지만 1996년에 이르러서야 여론조사를 통해 '국민학교'의 명칭을 '초등학교'로 바꾸었답니다.

097 일제강점기에 우리 한글은 어떻게 지켜질 수 있었을까요?

　세계의 많은 언어학자가 인류 역사상 최고의 언어로 꼽는 한글은 자랑스러운 우리의 문화유산이에요. 우리 민족은 세종대왕 시대 이래로 줄곧 한글을 써 왔어요. 그렇게 오랜 시간 한글은 우리의 일부로서 함께 해 왔답니다.

　말과 글에는 그것을 사용하는 민족의 정신이 담겨 있어요. 그래서 일제는 우리의 말과 글을 없애기 위해 온갖 방법을 동원해서 억압했지요. 이름을 일본식으로 바꾸라고 강요하고, 학교에서 일본어만 사용하게 했답니다. 그뿐만 아니라 한글이 들어간 신문이나 잡지를 내지 못하게 한 것을 포함하여, 우리 역사를 왜곡하여 식민지배가 당연하다는 내용을 가르치기도 했어요.

　36년이나 되는 긴 시간 동안 일제의 강압 지배가 계속되자, 독립운동이 위기를 맞기도 했어요. 이러한 상황에서 우리말과 우리글은 민족의 정체성을 잃지 않기 위해 꼭 필요했지요.

한글학자 주시경은 우리글 한글을 지키는 일에 앞장섰던 인물이에요. 그는 한글을 연구하고, 1908년 《국어문전음학》이라는 책을 펴내는 등 많은 업적을 남겼지요. 그는 나라를 잃고 언어마저 잃게 되면 민족은 영영 사라진다는 믿음으로 열정적으로 한글 연구에 매달렸어요. 1914년, 갑작스럽게 세상을 떠났지만 그의 뜻은 이후 만들어진 '조선어학회'를 통해 그대로 이어졌어요.

주시경의 뜻을 이은 조선어학회는 일제강점기 동안 한글을 보급하고 사전편찬 연구 등을 통해 우리글의 불씨를 살리는 데 크게 기여하였어요. 만약 그들이 없었다면 한글은 큰 위기를 맞았을 거예요.

098 아직도 치유되지 않은 역사 속 만행은 무엇일까요?

1937년에 일어난 중일전쟁을 시작으로 일제의 야욕은 점점 커져 갔어요. 일제는 전쟁이 길어지면서 더 많은 조선인을 강제로 끌고 갔지요. 평소에는 온갖 차별과 핍박으로 우리 민족을 대했던 그들이, 정작 그들의 전쟁터에는 차별 없이 강제로 데려갔던 거예요.

일제가 강제로 동원했던 이들 중에는 수많은 여성이 포함되어 있었어요. 이들은 일본군 '위안부'라는 이름으로 전쟁터에 끌려갔답니다. 강제로 가족과 이별하게 하고 돈을 벌게 해준다는 거짓말로 꾀어내 끌고 갔지요. 이들 '위안부'는 일제에 의해 지속해서 성폭력과 인권 침해를 당했어요. 중국, 만주, 태평양 등 일본군이 싸우는 지역에서 그들은 끔찍한 고통을 당했어요. 지옥과도 같은 곳에서 겪은 고통은 결코 지워질 수 없는 상처로 남았지요. 오늘날 국내외 여러 곳에 설치되어 있는 '평화의 소녀상'은 영원히 사라지지 않을 위안부 피해

자들의 아픔과 고난을 위로하기 위해서 만들어졌어요.

일제의 만행은 그뿐만이 아니었어요. 학교에서 공부하는 어린 학생들까지 군대에 끌고 가 싸우게 했어요. 많은 조선인을 억지로 일본을 위해 싸우게 했고, 전쟁의 희생양으로 만들었답니다. 일부 부대에서는 조선인을 비롯하여 중국인과 연합군 포로들을 대상으로 도저히 인간으로서는 할 수 없는 잔혹한 실험을 하기도 했어요.

일제에 의해 저질러진 만행에 의한 고통의 기억은 피해자들을 넘어 우리 후손에게까지 이어지고 있어요. 하루라도 빨리, 지나간 잘못에 대한 그들의 진심 어린 반성과 사과가 이루어져야 하는 이유랍니다.

관동대지진 때 왜 6천 명이 넘는 조선인들이 학살당했을까요?

1923년, 일본 도쿄 인근에 큰 지진이 일어났어요. 진도 7.9의 강력한 지진으로 12만 가구의 집이 무너지고 45만 가구가 불탔으며, 사망자와 행방불명이 된 사람이 총 40만 명에 달하는 엄청난 자연재해였지요.

하지만 심각한 문제는 그 뒤에 일어났어요. 많은 집이 불타고 수많은 사람이 숨진 뒤라 심각한 혼란이 찾아온 거예요. 그러자 일본 내각은 관심을 돌릴 필요가 있었어요. 그렇게 말도 안 되는 유언비어들이 생겨나 빠르게 퍼져 나갔어요.

"조선인들이 우물에 독을 탔다."

"조선인들이 혼란스러운 틈을 타

일본인들을 죽이려 한다."

  그냥 듣기에도 억지스러운 내용이었어요. 하지만 지진으로 불만이 극에 달했던 일본인들은 자경단을 조직해 도끼, 창 등의 무기를 가지고 조선인들을 무차별적으로 공격하기 시작했어요.

  그들은 조선인으로 보이는 이들을 발견하면 사정없이 살해했어요. 겉모습으로 판단이 안 될 때는 어려운 일본어 발음을 시켜본 후 확신이 들면 공격했지요. 임신부, 어린이 등을 가리지 않았답니다. 이러한 지옥과 같은 상황 속에서 일본 경찰과 군인들은 이를 막기는커녕 오히려 함께 조선인들을 공격하며 사태를 부추겼어요. 이때 이들이 한 짓은 너무 극악해서 차마 제대로 볼 수 없을 지경이었다고 목격자들이 전하고 있어요.

  그렇게 약 6천 명에 달하는 죄 없는 조선인들이 일본 땅에서 목숨을 잃어갔어요. 이 조선인 학살사건은 오늘날까지도 일본의 사죄는커녕 진상조사조차 이루어지지 않고 있어요. 지금이라도 제대로 된 진상조사를 시작해야 한다는 목소리가 높아지고 있답니다.

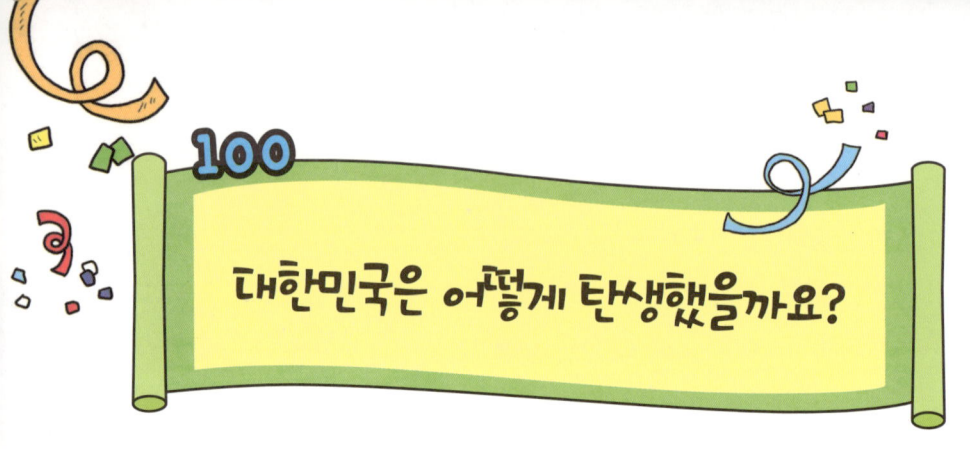

100 대한민국은 어떻게 탄생했을까요?

1945년 8월 15일, 일본 왕 히로히토가 연합국에 항복을 선언하는 내용이 반복해서 라디오를 통해 나왔어요. 그런데 광복을 알리는 소리에도 거리는 이상하리만큼 조용했어요. 사실 많은 사람이 일왕의 말뜻을 이해하지 못했기 때문이에요. 하지만 이튿날 광복 소식이 제대로 전달되자, 거리는 이내 기쁨에 가득 찬 목소리와 환호로 가득 찼지요.

학교에서는 일왕에게 충성을 맹세하는 황국신민서사를 더 이상 외우지 않아도 되었어요. 이제 자유롭게 우리말, 우리글로 공부를 할 수 있게 되었지요.

광복의 기쁨을 누리는 동시에, 지도자들은 다시 나라를 세울 준비를 이어 갔어요. 먼저, 광복 이전부터 독립을 준비하던 대한민국임시정부는 건국

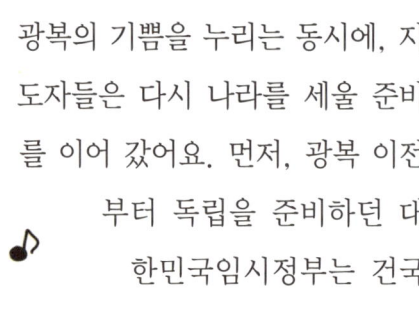

의 원칙을 발표했어요. 그리고 국내에서도 건국을 준비하기 위한 단체가 만들어졌지요. 해외에 있던 우리 동포들도 속속 귀국했답니다.

그런데 문제가 생겼어요. 독립을 얻은 우리나라가 바로 정부를 만들 수 없었던 거예요. 미국과 소련으로 대표되는 연합국의 결정으로, 남쪽은 미국, 북쪽은 소련의 군사정부로부터 통치를 받게 되었어요. 이어 미국과 소련의 입장 차이, 여러 갈래로 나누어진 지도자들의 견해 차이로, 결국 1948년 남한만의 단독정부를 수립하게 되었답니다.

정부를 만들면서 나라의 이름을 정하는 것도 필요했어요. 1948년 열린 제헌국회에서 이를 정하는 투표가 이루어졌고, 대한민국임시정부를 잇는 '대한민국'으로 국호가 결정되었어요. 우리나라, '대한민국'의 탄생이 이루어진 순간이었답니다.

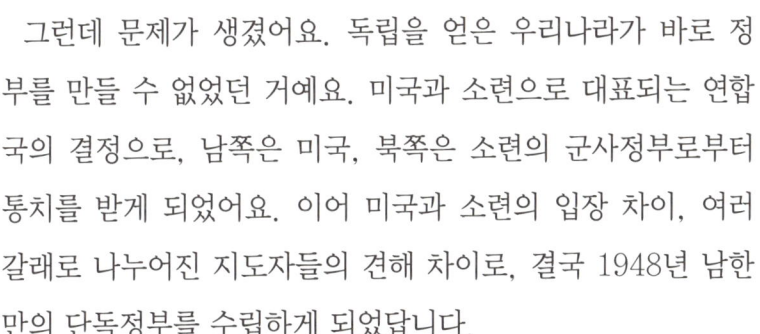

초등학생이 딱 알아야 할 한국사 상식 이야기

초판 5쇄 2023년 6월 16일
초판 1쇄 2020년 2월 10일

글 전기현 | 그림 홍나영

펴낸이 정태선
펴낸곳 파란정원
출판등록 제395-2010-000070호
주소 서울특별시 은평구 가좌로 175, 5층
전화 02-6925-1628 | **팩스** 02-723-1629
제조국 대한민국 | **사용연령** 8세 이상 어린이
홈페이지 www.bluegarden.kr | **전자우편** eatingbooks@naver.com
종이 다올페이퍼 | **인쇄** 조일문화인쇄사

글 ⓒ2020 전기현
ISBN 979-11-5868-173-9 74030
　　　979-11-5868-166-1(세트)

이 책은 저작권법에 따라 보호받는 저작물이므로 무단 전재와 무단 복제를 금지하며,
이 책 내용의 전부 또는 일부를 이용하려면 반드시 저작권자와 파란정원(자매사 책먹는아이·새를기다리는숲)의 동의를 얻어야 합니다.
*잘못된 책은 구입하신 서점에서 바꿔 드립니다.

고군분투하던 초등 어휘력
읽으면서 바로 써먹는 어린이 시리즈로
재미있고 알차게 키우자!!

읽으면서 바로 써먹는 **어린이 시리즈**

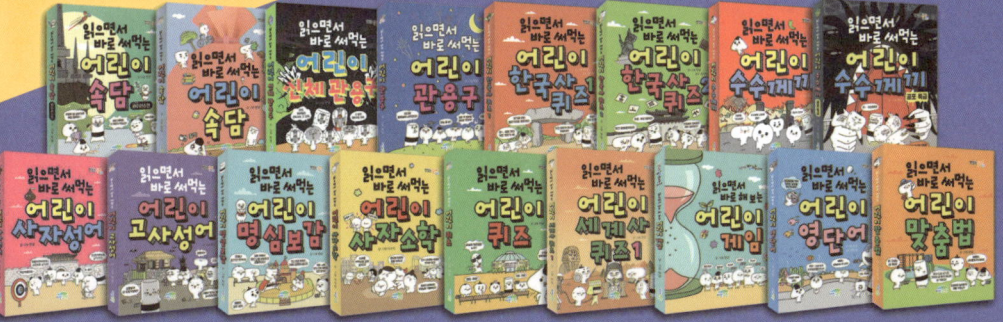

한날 외 글·그림 | 초등 전학년

〈읽으면서 바로 써먹는 어린이 시리즈〉는 아이들이 좋아하는 귀엽고 깜찍한 참이 패밀리의 이야기로, 웹툰이라는 형식에 담아 부담 없이 자꾸 손이 가는 책이 되어 재미있게 읽고 또 읽으며 맞춤법과 상식을 배우고, 속담, 관용구, 고사성어, 영단어가 자연스럽게 입에서 툭 튀어나오게 합니다.

'왜 그럴까?'에서 시작하는
아주 기특한 상식 이야기

〈초등학생이 딱 알아야 할 상식 시리즈〉는 교과서 속에 실린 내용을 중심으로
우리가 꼭 알아야 할 과목별 상식 이야기를 담고 있습니다.
'왜 그럴까?'라는 호기심에 대한 궁금증을
쉬운 설명과 재미있는 일러스트로 알려 주어
외우려고 노력하지 않아도 개념과 원리를 쉽게 이해할 수 있습니다.

조영경 외 글 | 홍나영 그림 | 224쪽 | 각 권 13,000원